Michael Kraus

heim

Roman

Bibliographische Information der Deutschen Nationalbibliothek:
Die Deutsche Nationalbibliothek verzeichnet diese Publikation in der Deutschen
Nationalbibliographie. Detaillierte bibliographische Daten sind im Internet über
http://www.d-nb.de abrufbar.
ISBN 978-3-85022-000-2

Alle Rechte der Verbreitung, auch durch Film, Funk und Fernsehen, fotomechanische Wiedergabe, Tonträger, elektronische Datenträger und auszugsweisen Nachdruck, sind vorbehalten.

© 2007 novum Verlag GmbH, Neckenmarkt · Wien · München
Lektorat: Mag. Ulrike Bruckner
Printed in the European Union

Gedruckt auf umweltfreundlichem, chlor- und säurefrei gebleichtem Papier.

www.novumverlag.com

Sein Blick durchdringt die Fensterscheibe.
„Ich möchte raus."
„Sie wissen doch, dass Sie das nicht können."
Die ungehörte Antwort kam, aber seine Worte, sie waren nicht für sie bestimmt.

Seine Lippen schmatzen wieder aufeinander, formen verlorene Sätze, die er jetzt verschweigt. Dabei schiebt er sich näher heran und seine fettigen Finger hinterlassen neue Spuren seines Wunsches. Eines Wunsches, der ihm verbotenes Glück verheißt, der umso schwerer wirkt, da es der Einzige ist.

So sitzt er lange davor und ignoriert die Geschehnisse in seinem Zimmer. Er beobachtet den Wind in den Fichten, die Demut der Grashalme vor den Elementen. Er kennt das alles, es hat sich nichts verändert. Die Spuren im Parkett sind die gleichen seit nunmehr sieben Jahren. Ein Gedanke entspringt, für den es keine Wehr gibt, der sein Innerstes zerreißt.

– Nie hätte ich gedacht, dass die Zeit mir so verrinnt. –

Sie ist jetzt fertig und ihre Hände streichen ein letztes Mal über das frisch gemachte Bett. Sie mag ihn nicht, sie ist jedes Mal froh, wenn sie wieder draußen ist. Ohne einen Blick zurück verlässt sie sein Zimmer. Für sie geht es weiter, noch zwei Zimmer und dann endlich Feierabend, endlich heim, heim zu den anderen, die sie erwarten. Nur raus und den unerwünschten Blick nach vorne hinter sich lassen.

Sei es auch nur bis morgen und vielleicht dem Morgen irgendwann mal.

I.

Die Essenszeit steht an, die Glocke hat geläutet und wer kann geht nach unten in den Speisesaal. Zu ihm werden sie kommen und er wird sich nicht darüber freuen. Ein jeder hat hier seine Geschichte, doch seine trägt das meiste Leid in sich, auch wenn er nur das seine sieht. Aber darüber hat er längst resigniert, darüber und über alles andere, bis auf den einen Wunsch. So beobachtet er die einbrechende Dämmerung, Gottes Antlitz eines vergehenden Tages. Die Eindringlichkeit der Farbenpracht erfüllt ihn, eine Träne entkommt, entspringt einer vermeintlich trockenen Quelle.

– Ich lebe halt doch noch. –

Er wendet sich ab, schlägt die Augen nieder und wischt sich die verlorene Flüssigkeit von der Wange. Dafür gibt es hier keinen Platz.

Ein, zwei Umdrehungen und er meistert die erste Etappe, zwei, drei und vier, das vorläufige Ziel ist erreicht. Hier wird er sie erwarten, der Gewohnheit wegen. Es dauert nicht mehr lang, obwohl er genügend Zeit hätte.

Seine Zeit, er hätte nie gedacht, dass sie einmal zu viel wird. Dann hörte er sie, ihre Schritte und bewundert sie dafür voller Hass.

„Ferdinand, Ferdinand, bist du da?"

Er schwieg, denn was hätte er auch sagen sollen, bevor sie in sein Schweigen hineinplatzten. Seine Musketiere, wie er im Stillen seiner gutmütigen Gedanken dachte. Jene, die sich ihm angenommen hatten, damals, als ihn das Zimmer noch befremdete. Damals, als das Wort Übergangslösung noch in der Luft schwebte.

„Ich glaube nicht, dass du uns vermisst hast, aber vielleicht muntert dich das etwas auf. Ein Eintopf mit allem, mit Liebe gekocht und serviert. Bon Appetit."

Schon von weitem ekelte ihn das Essen an, noch bevor Marcel den Teller auf dem Tisch abgestellt hatte. Er war anderes gewohnt von damals, von früher, wie weit lag das weg, ein Leben vielleicht?

Er sah zu den beiden auf, etwas, was er auch hasste, darum bemühte er sich, seine Besucher klein zu halten und sie taten ihm den Gefallen. Sie lieferten sich ihm aus, setzten sich zu ihm und schlossen den Kreis ihrer verkümmerten Gesellschaft.

Nach der Hälfte des Tellers beendete er Marcels Erzählungen über den Tag im Heim, indem er geräuschvoll seinen Löffel fallen ließ und das Essen von sich schob. Auch wenn er mit seinem Essen beschäftigt war entging ihm kein Wort, auch nicht die vergessenen. So zwang er Marcel, sich dem zu stellen, was dieser am liebsten für immer aus seiner Erinnerung verbannt hätte. Die letzte Nacht.

„Sonst gibt es nichts Neues? Ich dachte ich hätte heute Nacht eine Sirene gehört."

Neugier sprühte aus seinen Worten, Neugier erzwungen durch die Monotonie der verstreichenden Tage, die zu verbergen er keinen Hehl machte. Wozu auch verstellen, er lebte und liebte seine Rolle.

Marcel nahm einen tiefen Atemzug und vermied es, ihn direkt anzusehen. Ganz unvorbereitet kam die Frage für ihn nicht und er bemühte sich, seine Stimme von der ausgelösten Stimmung zu lösen, welche der Erinnerung entsprang, bevor er zur Antwort ansetzte.

„Es war Lena, aber sie ist bereits über den Berg, du wirst auf meinen Nachtisch wohl noch etwas warten müssen."

Es gelang ihm halbwegs, die Trauer in einem gezwungenen Lächeln zu verbergen, jene Trauer, die eine neue Kerbe schlug, so nahe an einer alten, dass er keinen Unterschied mehr kannte.

Ferdinand lächelte über die ihm zugetragene Neuigkeit, zum ersten Mal seit langem, aber es verkam zu einer Fratze.

Er liebte es einfach zu gewinnen, nichts anderes hatte er sich gewünscht kennen zu lernen in seinem Leben, als dieses aufbrausende Triumphgefühl, in das er sich als einziges verlieren konnte.

In ein paar Tagen, so war er sich sicher, war sein Sieg komplett. Sie wurden stets über das Ableben eines Mitbewohners informiert, was gleichsam als stille Aufforderung zu verstehen war, der Gesellschaft den letzten Dienst zu erweisen. Aber er würde sich weigern, nicht, so lange er nicht draußen gewesen war. Ein letztes Mal würden sich die anderen seinem Willen beugen müssen.

So saß er denn weiter am Tisch, aß und würgte die zerstoßene Pampe hinunter. Er hatte schon lange keine Hunger mehr verspürt, Essen beschränkte sich zu einer notwendigen Gewohnheit. Die anderen schwiegen und wurden zum Part der stummen Gesellschaft, selten war er bereit mehr zu dulden.

Nur Marcel war die Ausnahme, denn er hütete ein Geheimnis.

Doch dann wurde es Zeit für eine weitere Linderung seines Schicksals.

„Sind sie heute gekommen?"

Ferdinands Blick richtete sich auf Hektor, dem die Frage galt.

Marcel zuckte zusammen und versuchte seinen aufflammenden Hass zu unterdrücken. Seine Ahnung hatte sich wieder bestätigt und doch war auch er ihm ausgeliefert. Jenem Wesenszug Ferdinands, das eigene Leid durch das Leidensschauspiel eines anderen zu mindern und sei es auch nur kurz.

Hektor selbst nahm die Frage und Ferdinands Blick in sich auf, mit der Erschütterung, die zur Erregung wurde und in seinen abgehackten, stotternden Worten aus ihm herausbrach.

„Sie werden kommen, ich weiß, dass sie kommen werden."

Dabei verkrampften sich seine Hände, welche er in seiner Hosentasche zu Fäusten ballte und Figuren umschloss, die es festzuhalten galt.

Marcel stand unvermittelt auf und trat hinter ihm, aufs Neue bemüht die Gemeinschaft zu erhalten. Seine Hände legten sich beruhigend auf Hektors Nacken und seine Worte versuchten den Klang einer Beschwörung nachzuahmen.

„Ja, sie werden kommen. Es wird nicht mehr lange dauern und sie sind da."

Während ein grimmiger Blick Ferdinand traf, womit er deutlich seinen Unmut über dessen Verhalten zum Ausdruck brachte. Auch Hektor sollte nach Ferdinands Willen das nächste Jahr nicht mehr erleben, doch Marcel weigerte sich, diese Wette anzunehmen. Alles tat er nicht, um Ferdinand etwas Seelenheil zu gönnen.

Ferdinand selbst schien mit dem ihm vorgetragenen Schauspiel mehr als zufrieden gewesen zu sein, denn er bohrte nicht weiter an der offenen Wunde und beendete sein Mahl, während Hektor durch die Hilfe Marcels in seine eigene Welt zurückkehrte.

Den Rest des Abends bastelten sie, aber am meisten doch Marcel, an ihrer Verschwörungstheorie. Eine Theorie, die zurechtgelegt wurde, um sich und den anderen Interessierten – und diese gab es reichlich –, das zeitgleiche Ableben zweier, für das Heimpersonal unbequemer Mitbewohner zu erklären.

Nicht mit einer gelieferten Erklärung von den anderen, nein, mit einer eigenen, für viele doch wahrscheinlicheren, deren Beweis der Zweifel an den anderen war.

Natürlich hatte sie noch einen anderen Ursprung, aber seit jenem Tag begannen sie die Dinge, die um sie herum geschahen mit anderen, mit offenen Augen zu sehen und innerhalb von kurzer Zeit verzeichnete der Kreis der Gläubigen einen steten Zulauf, was von Anfang an der eigentliche Sinn der Theorie war. Denn wie im Leben da draußen, bei den anderen, brauchte es Gemeinschaft zur Stärke.

So wusste alsbald jeder Heimbewohner etwas beizusteuern, offensichtliche Zufälligkeiten, oder eine geplante Aktion der anderen. Dies bewerteten sie fortan und teilten ihre Vermutungen sooft sie zusammenkamen, auch wenn sich Hektors Mitarbeit ausschließlich auf zustimmendes Gemurmel beschränkte.

Es war umso erstaunlicher, in welche Bahnen ihre Phantasie zu reifen vermochte. Es gab wohl keinen Bereich, der von ihren Überlegungen unberührt blieb.

Das Zentrum bildete stets die morgendliche Medikamentenausgabe. Ein höchst suspekter Vorgang, allein im Hinblick auf die Farbenpracht der bereitstehenden Pillen. Einmal gelang es ihnen sogar einen Beipackzettel zu entwenden, doch freimütig kapitulierten sie bei der anstehenden Übersetzung der Ingredienzien. Ein mancher von ihnen hatte in der Schule Latein genossen, aber das Alter bringt das Vergessen mit sich.

Trotz diesem kleinen Rückschlag tat das ihrer anhaltenden Begeisterung keinen Abbruch. So saßen sie auch an diesem Abend noch über eine Stunde zusammen, diskutierten und berieten, wobei Marcel darüber eifrig Protokoll führte.

Überhaupt war er es gewesen, der damals den Stein ins Rollen brachte und die anderen mit einbezog, ihnen Aufgaben übertrug und sich informieren ließ.

Nur Ferdinand übertrug er einen ähnlich hohen Rang, denn ihn wollte er unbedingt dabeihaben. Er wusste, wenn er den Unnahbaren für sein Projekt gewinnen konnte, würden andere seiner Gattung folgen.

So wuchs die Zahl der Eingeweihten mit den Jahren und es gab kein Gerücht, keine Information, die nicht den Weg in sein Zimmer fand. Bewusst oder unbewusst verband er die Heimbewohner untereinander und schuf so die Gemeinschaft.

Als die Zeit des zu Bett Gehens sich nahte, verabschiedeten sie sich von einander, wobei sich die Augen zweier nicht fanden, und Marcel steckte den Notizblock in Hektors Jackett. Dieser nahm es mit einem resoluten Kopfnicken zur Kenntnis, stolzgeschwellt, wieder Verantwortung für etwas zu tragen. Dann brachen sie auf zu ihrer vorletzten Ruhestätte, wie sie ihre Zimmer zu nennen pflegten.

Marcel jedoch nahm nicht den direkten Weg, doch das durften die anderen nicht wissen. Festen Schrittes durchschritt er die Dunkelheit und vertrieb die flüsternden Stimmen, die sich anschlichen, bis sein Gang vor Lenas Tür endete. Hier hielt er inne und lauschte bittend in den versperrten Raum.

Nur einmal noch, einmal noch das Klicken zu vernehmen, sich an der Wildheit ihrer Haarpracht zu erfreuen, das wäre sein Wunsch gewesen. Zeit haben, Zeit sich nehmen für einen würdevollen Abschied, wie oft hatte er sich das gedacht. Aber auch diesmal wurde es ihm nicht vergönnt.

So ging er weiter, angefüllt von Resignation, die ein weiterer kleiner Tod in ihm auslöste.

In seinem Zimmer endlich angekommen zog er eine Postkarte aus der auf dem Nachttisch liegenden Bibel. Sie war abgenutzt durch den häufigen Gebrauch ihres Besitzers und ihre Vorderseite zierte das Bild einer Landschaft aus dem Süden Italiens. Er konnte die Schrift in der Dunkelheit des Raumes nicht sehen, doch sein Zeigefinger beschrieb die Karte ein ums andere Mal. Ihm war als würde die Schrift im Dunkeln leuchten, dieses Worte, die ihm Trost und Versagen verhießen.
In den Wirren der entsprungenen Gedankenflut legte er sich ins Bett und seine Lippen berührten zum Abschied den Pappkarton. Die Karte kehrte zu ihrem ursprünglichen Platz zurück, einem Kapitel der Genesis.

Der nächste Morgen begann mit der Hektik, die bezeichnend war für den Anbruch eines neuen Tages.
Ein jeder hatte seine Aufgabe und die Küche war erfüllt vom Stimmengewirr.
Die Stimme eines jungen Mannes tat sich besonders hervor, denn sie erklang zum ersten Mal im Kanon der bekannten.
Diese Stimme hatte vor kurzem eine Entscheidung getroffen, weg von der Waffe, hin zur Suppenkelle. Den erzwungenen Dienst an der Gemeinschaft ableisten, ohne der provozierenden, wilden Romantik eines Zeltlagers ausgeliefert zu sein. Die Zeit zu verbringen, fern von Blutblasen und militärischem Drill. So sah sich Frank einer Zukunft im Zivildienst gegenüber.
Für das etablierte Personal war der Umstand einen Zivildienstleistenden in ihren Reihen zu haben mehr als willkommen. Denn ein jeder malte für sich im Geheimen aus, von welcher ungeliebten Tätigkeit er sich Befreiung verschaffen könnte.
Von diesem Umstand ahnte Frank noch nichts, er war nur froh, dem Kasernenleben entkommen zu sein. Noch war er voller Vorfreude auf die bevorstehenden Zeit im Heer der abgeschobenen Omas und Opas. Denn nicht zuletzt seine Erfahrungen mit den eigenen, viel zu früh verstorbenen Großeltern bewog ihn zu sei-

nem Entschluss, den Dienst an der Allgemeinheit hier abzuleisten.

Sein Eintreffen wurde nicht nur beim Personal Gesprächsthema Nummer eins, denn Dank Martinas Horchposten im angrenzenden Speisesaal wurde der gemeinsame Frühstückstisch um ein weiteres Thema bereichert.

Dabei ließ Marcel es sich nicht nehmen, im Vorfeld der gemeinsamen Mahlzeit, Martinas Spionagedienste ausreichend zu würdigen, denn schließlich hatte der graue Schwan im Laufe der Zeit so manche nützliche Information erfahren. Diese waren zwar weniger zur Untermauerung der Verschwörungstheorie geeignet, worin der eigentliche Auftrag ihrer geheimdienstlichen Tätigkeit bestand, als vielmehr der Herstellung eines permanenten Informationsflusses mit der Welt da draußen.

Aber auch Martina war Marcel überaus dankbar, denn er verschaffte ihr einen, für alle sichtbar geltenden, Rechtfertigungsgrund, ihre unausgewachsene Neugier auszuleben. Hinzu kam noch der Umstand, dass Marcel es war, der heftig intervenierte, als Ferdinand, dem die alleinige Verteilung der Decknamen und Codewörter zustand, ihr den Decknamen „alte Henne" zusprechen wollte.

So drehten sich an diesem Morgen alle ihre Gespräche um das neue Mitglied des Personals und ihren Mutmaßungen waren Tür und Tor geöffnet. Dabei hielt sich Marcel nach der kurzen Honoration von Martinas Leistungen auffallend zurück und beschränkte sich die meiste Zeit darauf, Hektor bei seiner Schweigearbeit zu unterstützen. Den anderen blieb das nicht verborgen, aber keiner vermochte Lenas Abwesenheit und die Ungewissheit ihres Schicksals mit Marcels Verhalten zu verbinden. Einzig vielleicht Hektor, aber der schwieg, der Gewohnheit wegen.

Lenas Wegbleiben von der Gemeinschaft war nicht der einzige Grund für Marcels Rückzug in die innere Stille. Vielmehr kostete er einen dieser Momente aus, für den vielleicht Klarheit die treffendste Umschreibung wäre und in denen er verzweifelt versuchte, das Mitleid niederzukämpfen, das in ihm aufkam. So sehr er sich auch darauf ermahnte, es gelang ihm nicht immer, die Gebrechen und Krankheiten der anderen zu ignorieren.

Dabei fühlte er sich wie ein Fremdkörper der kein Recht hatte, hier zu sein, hier im Kreise der Leidenden und Verstoßenen.

Er blickte die langen weißen Tafeln entlang und wünschte sich, sie würden alle verschwinden, wohin auch immer, nur weg aus seinen Augen.

Was würden sie wohl sagen, wenn sie von der Freiwilligkeit seines Schicksals erfuhren? Schlich er sich in Wahrheit nicht ein in ihre Gemeinschaft, er, der bis dato verschont geblieben war von den Gebrechen des Alters. Sicher, er tat sein Bestes, den Alltag der anderen zu bereichern, aber wie viel davon war egoistische Wiedergutmachung für die Fehler, die er in seinem vorangegangenen Leben gemacht hatte?

So saß er da und sinnierte, ein grübelndes Denkmal seiner selbst und erst die Abräumarbeiten am Frühstückstisch ließen ihn aufschrecken.

Ferdinand, er hätte ihn beinah vergessen.

Ferdinand hatte in der Zwischenzeit das tägliche Waschritual über sich ergehen lassen, einhergehend mit stummen Flüchen und Beschimpfungen, mit denen er den Zorn seiner Seele auslebte. Respekt, nur etwas Respekt vor ihm, das war alles, was er von ihnen erwartete, nicht die Behandlung als Sache, als Teil ihrer Arbeit.

Schließlich war er noch immer ein stattlicher, stolzer Mann. Ein Mann der es sich nicht nehmen ließ, sein tägliches Erscheinungsbild mit einer Krawatte abzurunden. Noch immer hatte er repräsentative Aufgaben, auch wenn sie sich ausschließlich auf seine eigene Person bezogen.

Auch heute wurde sein Fenster zum gütigen Spiegel, als er mit wenigen geübten Handgriffen seine Krawatte anlegte. Der Gewohnheit wegen entschied er sich für die blaue, es gab heute keinen besonderen Anlass.

Im Zimmer schwebte noch immer ein Hauch von Vanilleduft, ein Umstand, den die Pfleger wohlweislich ignorierten, um nicht Ziel von neuerlichen Beschimpfungen und Anfeindungen zu werden.

Aber schlimmer noch als der fehlende Respekt war für Ferdinand das latente Mitleid, mit dem ihm die anderen begegneten. Er hielt es schlichtweg für ein Schwäche, einer Krankheit der ausufernden Gesellschaft. Er selbst zog es vor, ein Klima der kühlen Distanz zu schaffen, ein Klima, das sein Leben geprägt hatte, das jetzige wie das damalige. Das Pflegepersonal waren nur neue Angestellte, die ihre vertraglichen Leistungen zu erfüllen hatten. Näheren Kontakt zu ihnen wünschte er nicht.

Ebenso verhielt es sich mit den übrigen Hausbewohnern. In seiner imaginären Hierarchie belegten sie die unteren Stände, die Masse der Bürger, auf die er gewohnt war herabzublicken. Schließlich hatte er ein Imperium geschaffen, herausgehoben aus den Wirren der Nachkriegszeit.

In einer Zeit, in denen Begriffe des „Global Player" und „self-made-man" noch in den Ursprüngen lagen, gehörte er zur Elite der kulturellen, politischen und wirtschaftlichen Gesellschaft. Im Laufe dieser Zeit hatten ihm die höchsten Vertreter der Menschheit die Hand gereicht und er nahm die Anerkennung seiner Leistung mit größter Genugtuung entgegen, wurde er doch dadurch erhoben in ihren Stand.

Herausgefordert durch solcherlei Erinnerungen an vergangene Tage heftete er seinen Blick auf seine rechte Hand. Eine Hand, gezeichnet durch Gicht und Altersflecken, und mit der Wut die in ihm steckte ballte er sie zur Faust, bis er an der Schwelle stand, an der der Schmerz ihn übermannte.

– Gehorchen, du wirst mir gehorchen. –

Ein leises Klopfen durchbrach die Stille des Raumes und verhinderte eine erneute Niederlage des Körpers gegen den Geist.

Ferdinand spie seinen Atem aus und die Klarheit des Fensters erhielt einen erneuten Makel. Nur mit viel Mühe konnte er ein „Herein" auspressen, so sehr nahm ihn seine Kurzatmigkeit in Beschlag.

Marcel ignorierte die ihm dargebotene Szenerie, so wenig wich sie von dem Alltäglichen ab. Ein eingebranntes Bild von vielen, bar einer Unterschrift. Er stellte das mitgebrachte Frühstück auf den Tisch und setzte sich auf seinen Platz. Den Platz des offenen

Ohrs, der stummen Gesellschaft und der aufmunternden Worte. Aber den Auftritt von gestern hatte er ihm noch nicht verziehen.

Ferdinand kam zu ihm herüber und quittierte das aufgetragene Frühstück mit einem Kopfnicken. Stumm saßen sie sich gegenüber, während Ferdinand dazu überging, die mitgebrachte Zeitung zu studieren.

Sein Interesse hierbei galt dem Wirtschaftsteil, denn seit einiger Zeit befand sich sein gegründetes Unternehmen in einer schweren Krise.

Einer Krise, die bereits Kurzarbeit und Entlassungen zur Folge hatte, was ihn aber weniger bedrückte als die Nichterfüllung der Quartalszahlen im anstehenden vierten Quartal. Trotzdem war er sich sicher, dass sein Sohn diese Krise bewältigen würde, denn schließlich hatte er den besten Lehrmeister gehabt, den man sich wünschen konnte.

Er hatte gewusst worauf es bei der Erziehung ankam, welche Grundlagen es zu vermitteln galt, um einen würdigen Nachfolger heranzuziehen.

In seinem damaligen spärlichen Freundeskreis sprach er offen von seinem Lieblingsprojekt, wohlwissend um die Anwesenheit seines Sohnes und das Unverständnis, das diese Worte bei seiner Frau auslösten. Aber im Ergebnis wurde er erneut bestätigt.

Sein Sohn studierte, Betriebswirtschaftslehre, was anderes kam nicht in Frage, trat in die Firma ein und erbrachte bei den ihm übertragenen Aufgaben stets überdurchschnittliche Ergebnisse.

Auch eine kurze Krise, ausgelöst durch den Freitod seiner Mutter unter Zuhilfenahme von Schlaftabletten, überstand er nahezu unbeschadet.

So war es nur eine Frage der Zeit als der neuernannte, stellvertretende Vorstandvorsitzende den Platz an der Seite seines Vaters einnahm und sich im Stillen anschickte, den Wechsel der Generationen voranzutreiben.

Hierbei wiederum kam ihm sein Vater erneut zu Hilfe, er, der von allen und jeden hundertprozentigen Einsatz und Opferbereitschaft forderte, wurde ein Opfer des Raubbaus an seinem Körper.

Er wurde zu einem Behinderten, zu einem Mitglied einer Randgruppe der Gesellschaft und tauschte einen Stuhl mit Rädern mit seinemChefsessel.

Natürlich versprach sein Sohn und neu gewählter Vorstandvorsitzende ihn aufzunehmen, doch dieser mündliche Vertrag geriet in Vergessenheit, noch ehe die Tinte des Überlassungsvertrages getrocknet war. Vielleicht hatte sein Sohn die ein oder andere Lektion zu gut verstanden, speziell jene, die über die Altlasten handelte.

Ferdinand jedoch klammerte sich weiterhin an das Versprechen der Übergangslösung und überprüfte beflissen die maschinell gefertigten Schreiben aus dem Büro seines Sohnes auf aussagekräftige Fakten zum weiteren Zeitablauf seiner Heimkehr.

Er wusste nicht, dass die Briefe, welche er so geflissentlich ordnete, ihm von seiner langjährigen Sekretärin zugesandt wurden, eines Gutmenschen, die es auch im Laufe der Jahre nicht verlernt hatte, das Gute im Menschen zu sehen, oder zumindest danach zu suchen. Sie gehörte zur jener Gattung Mensch, deren Gegenwart ausreichte, um sich unwohl zu fühlen, wissend um die eigene Schlechtigkeit am Beispiel dieses Vorbildes.

Marcel war der einzige hier, der Ferdinands Leidensweg kannte, denn Ferdinand selbst hat es ihm erzählt. Obwohl „erzählt" nicht das richtige Wort ist, er hat es herausgeschrieen in einem der Augenblicke, an dem er an sich selbst zerbarst. Diesem kurzem Moment, an dem sich alle Wege finden.

Marcel war darüber zunächst peinlich berührt, Offenheit, diese Seite kannte er von Ferdinand nicht, doch kaum hatte Ferdinand sich gefangen, schon vollzog er den Rückzug ins Graue seiner Seele und Marcel wusste nicht, in welche Wirklichkeit er das gesehene Bild bannen sollte. So handelte er nach Ferdinands stummem Willen und begann es selbst zu leugnen.

Er begrub es unter dem Pfeiler der Sympathie, der die beiden fortan verband und sie zu Weggefährten machte in einem Haus, das den Begriff Heimat nicht verdiente.

Marcel sah es nun an der Zeit, den morgendlichen Dialog zu beginnen. Er verstand zwar selbst nur wenig von Wirtschaft und ihren Zusammenhängen, aber in der Sprache der Mimik reifte er zum Meister.

„Schlechte Nachrichten?"

„Nicht unbedingt, die momentane Situation birgt auch gewisse Chancen. In meiner, in der Firma steckt noch viel Potenzial. Ich bin sicher, sollten sich die Exportabsätze stabilisieren, ist eine langfristige Erholung nur eine Frage der Zeit."

Marcel nickte stumm und konnte sich der Faszination seiner Vorstellungskraft nicht entziehen.

Bei diesen Sätzen, vorgetragen von einem Mann der es gewohnt war, die Aufmerksamkeit der anderen zu besitzen, sah er die Jahre abfallen.

Er sah einen Mann vor sich, dessen klassischen Gesichtszüge sich in der Härte seiner Aufgabe manifestierten. Er sah vormals schlanke Finger über Personalakten gleiten, Leben berühren durch die Macht seiner Worte.

Er sah ihn Weichen stellen, Träume zerstören allein durch das Gekritzel seiner rechten Hand.

Wie viel Macht durfte der Einzelne haben, kam es ihm hierbei in den Sinn.

Wie viel, dass es nicht als Sünde anzusehen ist?

Sein Vater, ein überzeugter Kommunist, hatte ihm lange Zeit versucht die Ideologie der einfachen Arbeiter nahe zu bringen und gewiss hätte er die Antwort plakatiert und wäre damit durch die Straßen seines Dorfes gezogen.

Aber Marcel hatte sich mit dem Trotz der Jugend dieser Weltanschauung entzogen und seinen eigenen Weg gewählt.

Jetzt kam ihm die Wiederholung der Denkansätze wie Spott vor, Spott, getragen und begünstigt durch die Zeit. Noch einmal war er hin- und hergerissen zwischen den unvereinbar erscheinenden Polen seines Lebens. Den einen zu begünstigen, verhieß den Tod des anderen und der erfüllbare Mittelweg fand allein hier statt.

War es denn wirklich nicht viel mehr als eine Ironie des Schicksals, das ihn, den Fließbandarbeiter Marcel, an einen Tisch brachte mit Ferdinand, den ehemaligen Firmenbesitzer? Was wäre gewesen, wenn sie sich früher begegnet wären? Wenn Marcel für Ferdinand gearbeitet hätte?

Sicher wäre er auch nur eine Arbeitskraft gewesen, die ihre Zielvorgaben zu erfüllen gehabt hätte. Ein Leben unter vielen, abgelegt in einer Kartei.

Stets die Angst mit sich tragend die Arbeit zu verlieren, als Versager abgestempelt zu werden und die eigene Familie nicht versorgen zu können.

Marcel versuchte diese Gedankenspirale zu verlassen, er hatte Angst, dass die Quelle der Sympathie versiegt. Denn Mitleid war keine Motivation von Dauer, wenn er tagtäglich sah, wie Ferdinand seine alten Verhaltensmuster trotzig auslebte.

So widmete er sich vorsichtshalber dem herübergeschobenen Sportteil und beobachtete im Augenwinkel die Regungen Ferdinands.

Wurde Autorität verliehen durch die Zubilligung der anderen, erkämpft durch die latente Aggressivität im Auftreten? Welche Rolle spielten das Schicksal, die Familie und Freunde? Wurden Führer geboren, oder dazu gemacht? Er wusste es nicht, aber wer weiß das schon.

III.

Ein hässlicher grau-grüner Boden, vergilbte Wände und Decken.

Frank hatte seine Scheuklappen verloren, die Spritzer des Abwaschwassers hatten seine gefällige Ohnmacht beendet. Jetzt nutzte er seinen Rundgang durch das Haus zu einem unverklärten Blick der Dinge, die ihn in den nächsten Monaten begleiten sollten, einschließlich der Fossilien, die ihn zu einem Slalom durch die Gänge zwangen.

Einzig die Architektur des Gebäudes nötigte ihm weiterhin Respekt ab, auch wenn er sich dessen gar nicht so bewusst war.

Es war ein Herrschaftshaus, aus einer Zeit, als die jetzigen Bewohner noch als jung galten. Wobei die Fassade die besondere Aufmerksamkeit des Heimleiters hatte, denn schließlich war der erste Eindruck der entscheidende, wenn es galt, die zahlungskräftige Gunst der fürsorglichen Kunden zu gewinnen, die ihre teuren Verwandten in einen neuen Lebensabschnitt abschoben.

So wurde Jahr für Jahr das meiste Geld in eine Sache investiert, welche die meisten Bewohner nie zu Gesicht bekamen und die ihre einladende Schönheit erst bei umschmeichelndem Sonnenlicht zur Schau stellte. Dann jedoch wurde sie zum Blickfang und lud die Fantasie ein, sich die Reichtümer vorzustellen, die in ihrem Inneren verborgen lagen.

Wie enttäuscht musste man sein zu erfahren, zu welchem Zweck das Haus diente.

Ähnlich der Enttäuschung, die Frank begann heimzusuchen.

In seiner Kindheit hatte er gern und oft seine Großeltern besucht und ihren Geschichten gelauscht, auch wenn er sie nicht verstand. Aber was war er nicht bereit gewesen zu machen für einen kleinen Zuckerschock.

So hatte er früh gelernt, eine Gewinn bringende Rolle einzunehmen und seine Eltern wurden nicht müßig ihn darin zu bestätigen, lenkte er doch die Aufmerksamkeit der jeweilig ungeliebten Schwiegereltern auf etwas, das sich alle herbeisehnten, ein Kind, ein Enkelkind.

Dieses Schema hatte er sich im Umgang mit seinen Großeltern über die Jahre bewahrt, auch weil sie sich von der Milka-Kuh wandelten, in einen beständig sprudelnden Goldesel. Nur die Geschichten, ihre sich ständig wiederholenden Geschichten konnte er mit der Zeit nicht mehr hören, auch wenn er sie nicht wiedergeben konnte.

Aber allein diese monotonen, immer wiederkehrenden Phrasen aus längst vergangener Zeit hatten ihn veranlasst, die Anzahl der Besuche deutlich zu reduzieren. Bis ein unerwarteter Schicksalsschlag der Geschichte die Geschichten mitnahm.

Das war für Frank das erste Mal, dass er in Berührung kam mit dem einen Unausweichlichen unserer Existenz, und bis zum Betreten dieses Hauses hatte ihn das Schicksal vor einer weiteren ungewollten Prüfung verschont. Doch der Schongang war jetzt für ihn beendet, so viel hatte er aus dem verstrichenen Vormittag gelernt. Nun, da alle Bettpfannen geleert, der Fütterungsmarathon beendet und alle Schnabeltassen gespült waren, strich er ruhelos durch das Labyrinth seiner neuen Erkenntnisse und haderte mit seinem Schicksal. Er verwünschte seine Blauäugigkeit, die ihn veranlasst hatte eine zugedachte Schuld seiner Vergangenheit zu begleichen und sah sich um nach neuen Fluchten, die seinem Leben die gewünschte Einfachheit zurückgeben konnten. Aber alles was er fand war Marcel.

„Kann ich Ihnen das abnehmen?"

Marcel drehte sich um, und ohne zu wissen wer er war erkannte er ihn, das Frühstücksthema.

„Danke, aber ich bin gut zu Fuß und bringe es schon selber zurück."

Da sind Sie aber der einzige hier. Ein unhöflicher Gedanke, aber zumindest war Frank höflich genug, ihn nicht in Worte zu fassen.

Vielleicht ahnte Marcel seinen Gedankengang, denn ein Lächeln machte sich in seinem Gesicht breit und er begann Frank näher zu betrachten.

Frank fühlte sich dabei sichtlich unwohl, irgendwas hatte der Alte in seinem Blick. Zudem bedrückte ihn dieses Lächeln, es trug so einen Hauch von Wissensvorsprung mit sich. Aber in ihm reifte der feste Wille, diese Begegnung zu einem Gespräch zu nutzen, wenn er schon einmal jemanden fand, den er nicht anschreien musste.

„Sind Sie schon lange hier?"

„Das kommt darauf an, was Sie als lang bezeichnen. In Ihren Augen bin ich schon lange hier."

Marcels Lächeln wurde eine Spur breiter, er war sich nun sicher, den morgigen Frühstückstisch mit neuen Erkenntnissen versorgen zu können.

Frank hingegen verdrehte die Augen.

Ein Philosoph, ein Philosoph dessen Größe deutlich unter 1,70 blieb und der jetzt dachte, seine große Stunde sei jetzt gekommen.

– Gibt es denn keine normale Menschen hier? –

„Das lässt sich doch auch sicher in Jahren ausdrücken."

Überheblichkeit lag in Franks Worten, die Überheblichkeit der Jugend.

„Ich bin seit neun Jahren hier und wie lange sind Sie hier?"

„Erst seit heute und ich werde nur ein paar Monate hier bleiben."

„Dann haben wir etwas gemeinsam, ein paar von uns bleiben auch nur noch ein paar Monate hier."

Diesen Satz musste Frank erst mal verdauen. Er hatte hier vieles erwartet, aber schwarzen Humor? So langsam erwachte sein Interesse an diesem viel sagenden Lächeln, doch noch war er zu reserviert, die Fragen zu stellen, welche ihm auf dem Herzen lagen. So verabschiedete er sich in einem kurzen abgehackten Satz und setzte seinen Rundgang durch die menschliche Asservatenkammer fort.

Der Höhepunkt des verbleibenden Tages trat um 14 Uhr auf den Plan und wie immer begann der Streit mit einem leichten Fingerdruck auf einen schwarzen Knopf.

Marcel wäre dem gern fern geblieben, doch auch hier war seine Rolle als Vermittler gefragt. Er gab dem Ganzen einen sozusagen demokratischen Anstrich, als Obmann einer Wahl, die Grundlegendes zu regeln hatte, Spielshow oder Film.

Die Schwierigkeit an dieser Wahl bestand nicht an einem rechnerischen Patt, sondern an der Möglichkeit seinen Willen auszudrücken. Ein schlichtes Handheben war für viele der potenziellen Zuschauer schlichtweg ein Ding der Unmöglichkeit geworden.

So blieb Marcel nichts anderes übrig, als die Zuschauerreihen abzuschreiten, um eine umfassende Meinungsbildung zu gewährleisten. Sein Gang wurde somit zu einem festen Ritual und mit Beginn des ersten Schrittes dämpften sich die Stimmen in diesem schrecklichen weißen Raum.

Mit der Zeit hätte Marcel beim Eintreten ein kurzer Blick ins Publikum genügt, um die Programmwahl vorherzusagen, doch das Ritual wurde weiterhin praktiziert. Offensichtlich wurde selbstgewählte Beständigkeit sogar an einem Ort geschätzt, an der die Gewohnheit das Leben diktierte. Auch heute hätte der Streifzug seiner müden Augen über die Reihen der Zuschauer und der zwei Zuhörer gereicht, aber er wollte niemand um die Gunst seiner kurzen Aufmerksamkeit enttäuschen.

Erneut nahm er die Bürde auf sich, die sein Amt mit sich brachte und beschritt den giftgrünen Linoleumboden und widmete ihnen etwas, was wir doch eigentlich zur Genüge haben, etwas Zeit.

Als die Bilder zu Laufen anfingen hatte Marcel sich bereits an das Ende des Zimmers zurückgezogen.

Wenn er sein eigener Herr gewesen wäre, er hätte den Raum längst verlassen, aber in gewisser Weise war auch er ein Gefangener der Erwartungen, welche die anderen auf ihn abwälzten. Zumindest hatte er es geschafft Hektor zum Kommen zu bewegen, obwohl kein Kriegsfilm aufgeführt wurde. Ein kleiner Erfolg fürwahr, aber immerhin ein Erfolg, mit dem nicht die Selbstverständlichkeit einherging.

Das Deckenlicht erlosch und er betrachtete die Schatten seiner Mitbewohner, zu denen er sie gemacht hatte.

– Ein Schatten seiner selbst –, ein Satz der Gültigkeit besaß zu jener Zeit in jenem Raum und Marcel verwünschte im Stillen die würdelose Zeit, in der er sich ihre oftmals stumme Bewunderung andiente, mit Selbstverständlichkeiten, welche vor jedem ordentlichen Gericht eingeklagt werden konnten. Aber es gab keine Schuld zu vergeben, nur Schicksal zu bewältigen und wer könnte das besser als jene, die leidgeprüft waren.

So blieb er mit seinem Stuhl verwurzelt und schob seine Hände in seine Jackentasche auf der Suche nach einem Taschentuch, das zu seiner Abschottung bestimmt war. Dem alten Beobachter entging jedoch die jugendliche Konkurrenz, die es verstanden hatte sich lautlos in den Raum zu schleichen und mit der Dunkelheit zu verschmelzen. Den Vorgänger fest im Blick entging ihm keine seiner Handlungen.

Er sah ihn ein Taschentuch hervorziehen, es zu zerreißen und kleine Kügelchen damit zu formen, die ihren Weg in seine Ohren fanden.

Was er aber am meisten an diesem Vorgang merkwürdig fand, war die offensichtliche Routine. Eingeübte Handgriffe, die der Handelnde keines Blickes mehr für nötig fand. Warum tat er das?

Ein erstes, leises Schniefen gab ihm die Antwort.

Er wandte seinen Blick auf die Masse der Zuschauer und sah hier und dort nicht viel mehr als ein Schulterzucken.

Und da war es wieder, ein Schniefen und noch eins aus einer anderen Richtung.

Allmählich verstand er, es waren Emotionen, die den Tränenkanal entlang schwammen und dieses Schniefen zu Tage förderten.

Dünne Rinnsale der Freude und der Trauer, welche die dunklen Gesichter zeichneten. Doch was hier und da als Rinnsal begann, vereinigte sich zu einem sich alles mit sich reißenden Strom der Gefühlsgewalt, der wild an Franks Ufer brandete.

Dynamik der Massen, jetzt war er ihr Zeuge geworden und nur der Entfaltungsmöglichkeit seiner Jugend verdankte er es, nicht angesteckt zu werden.

Darum ging er, so still wie er gekommen war, nur etwas schwerer.

Hektor wollte danach nicht mit zu Ferdinand, sollten sie doch ihre geheime Sitzung alleine abhalten.

Ihm hatte der Film heute schon gereicht, der kleine Lord, niemand erinnerte ihn mehr an den alten Grafen wie Ferdinand, dieser gehässige alte Narr, dem es so viel Vergnügen machte, ihn zu demütigen.

Dabei wusste er genug über ihn, ihn und seine saubere Verwandtschaft.

Er meinte wohl, nur weil er nichts sagte wüsste er nichts. Aber er würde sich noch wundern, eines Tages würde er schon noch von seinem hohen Sockel stürzen.

Jetzt musste er jedoch rechtzeitig zum Zapfenstreich kommen, seine Soldaten warteten sicher schon. Mit zackigen Schritten eilte er seinem Zimmer entgegen und salutierte bereits kurz nach dem Eintreten. Er fand seine Kameraden bereits in Reih und Glied versammelt, und mit stolzgeschwellter Brust prüfte er ihre Vollzähligkeit.

Sie waren vollzählig, nichts anderes hatte er von ihnen erwartet, schließlich waren sie gute Soldaten und genossen das volle Vertrauen ihres Hauptmanns. Dessen Kameradschaft sie sich in langen Jahren ihres Dienstes an der Waffe sicher sein konnten.

Sie wussten, er kannte alle ihre Namen und seine Tür stand allzeit für sie offen, wenn sie ein Problem bedrückte. Er wurde nicht müde lange Gespräche mit ihnen zu führen und so ihre Zweifel zu zerstreuen, die ihr eingeschlagener Lebensweg mit sich brachte. Er ließ sie teilhaben an seinen Entscheidungen und besprach mit ihnen die Schlachtpläne, die er für den fortwährenden Krieg entwarf. Denn der Krieg war ihr Lebensinhalt, das wusste auch der Hauptmann.

Zu nichts anderem waren sie in der Lage, als mutig und mit erhobenen Waffen sich dem Feind zu stellen und die Entscheidung des Schicksals zu akzeptieren.

Ein Schicksal, das seinen Blutzoll bereits zweimal einforderte und die Gesichter ihrer Kameraden in weißes Laken hüllte.

Sicher, es war damals nur ein Manöver gewesen und für den Unfall traf keinen eine Schuld, aber ihr Hauptmann trug die Verantwortung mit sich und für immer in sich. Gleich den zwei Miniaturen, die seitdem seine Hosentasche bevölkerten und die er jetzt mit zittrigen Händen dem Mondlicht preisgab.

Er trug erneut Sorge, dass sie nicht in Vergessenheit gerieten und scharte den Kreis ihrer immer währenden Kameraden um sich, vereint im stillen Gedenken, bevor er sich selbst zur Ruhe begab.

Morgen, ja morgen, würden sie kommen.

IV.

Sonntag, Sonntag ist der Tag der Trennung.
Hier das Lager der Neidischen, dort die Enttäuschten, weiter drüben die Resignierten. Sie alle trafen sich in der großen Halle, die meisten sogar freiwillig. Gut, der ein oder andere wurde hereingeführt, aber gewissen Menschen muss man zu ihrem Glück verhelfen.

Auch Frank mutierte zu einem Helfer, der mit sanftem Nachdruck Sophia aus ihrem Schaukelstuhl verhalf und ihren nächsten Verwandten zuführte.

Er hatte zuerst nicht verstanden, weshalb sich alle unten in der Halle treffen mussten, bis Sonja ihm erzählte, dass vor einem Jahr sich Diebe als Besucher einschlichen und die Heimbewohner bestohlen hatten.

Die danach erlassenen Vorschriften verfehlten ihre Wirkung nicht, die Diebe kamen nicht wieder, doch noch heute fragte der ein oder andere Heimbewohner, wo denn die netten jungen Männer geblieben sind.

Sophia nicht, sie saß da und ihr schmächtiger Körper wippte sanft vor und zurück. Eine Auswirkung ihres Schaukelstuhls, in dem sie sonst ihre Zeit verbrachte. Durch ihre Finger glitt ein Rosenkranz und ihre Lippen wurden durch stumme Gebete bewegt, stumm für die anderen.

Ihr Besuch war pünktlich, ein adrett gekleideter Mann mittleren Alters, der sich Frank als ihr Sohn vorstellte.

Er setzte sich ihr gegenüber und seine langen schlanken Hände fanden die ihren. Für einen Moment verstummte sie und sie verlor ihren Schoß aus den Augen, als sie ihren Kopf aufrichtete.

Es war ein guter Tag, sie hatte ihn erkannt.

So begann er zu reden, erzählte ihr über eine Stunde was sich zugetragen hatte, und wich keinen Moment von ihrer Seite.

Die ganze Zeit über stand Frank hinter ihr, gefangen von der Faszination der Szene und erst der goldene Handschlag ihres Sohnes brach seinen Bann, gleich einem Spuk, den das Glockenläuten beendete.

Genau eine Stunde war vergangen und der adrett gekleidete Mann mittleren Alters verschwand Richtung Ausgang. Als Abschiedsgeschenk hatte er 50 DM hinterlassen, die Frank in seiner Hand hielt.

Jetzt wusste er nicht, was peinlicher war.

Der Lärm der großen Halle drang dumpf nach oben durch und für einen kurzen Moment schwoll er an, als die Tür geöffnet wurde.

Marcel zog sich einen Stuhl heran und war dankbar für die Erlösung von seinem Gewicht. Der Raum füllte sich erneut mit Schweigen und nur vereinzelte Wortfetzen der frommen Wünsche des Abschiedes störte die aufkommende Harmonie.

Das machte ihre Freundschaft wohl zu etwas Besonderem, diese stille Nähe, bei der sich kein Gefühl des Unwohlseins einschlich.

Keine sturzbacharitgen Redeanfälle hatten sie nötig, um Gemeinsamkeiten herauszukehren, keine falschen Komplimente und geheucheltes Interesse an der Situation des anderen wurde gebraucht, um die verbleibende Zeit bis zum Moment des Abschieds zu überbrücken.

Ihr Alter hatte sie von all diesen Dingen befreit und ihr jeweiliges Anliegen lag brach vor dem anderen.

„Ich denke, es ist kalt draußen."

Bei diesem Satz erhob sich Marcel und ließ den Spätsommertag das Zimmer ausfüllen.

Ferdinands Atmung wurde tiefer und seine Lider schlossen sich.

„Du hast ihn gern, diesen neuen Pfleger?"

Marcel spürte den Vorwurf, den diese Frage barg, aber er kannte nur eine Antwort.

„Ja, ich denke, er ist ein guter Mensch."

Das nächste war nicht mehr als ein Ratschlag, eine Drohung, ein Ausblick.

„Vergiss nicht, auf welcher Seite du stehst."

Marcel überging es.

„Ich fürchte, ich habe die Abgrenzungen aus den Augen verloren und er, er hat sie nie kennen gelernt."

„Man muss nicht beide Seiten kennen, um auf einer zu stehen, setze nicht zu viel Hoffnung in ihn. Lebe dein Leben und nicht das der anderen."

„Und das aus deinem Munde."

„Ich mag Fehler gemacht haben, aber ich bin mir stets treu geblieben."

„Vielleicht war das dein Fehler."

Das Gespräch war beendet, das Fenster fiel zu und wurde verschlossen.

Die Aussicht auf einen neuen Verbündeten blieb.

Hat nicht jedes Ereignis eine Wirkung, bis vor kurzem war Frank sich in diesem Punkt ganz sicher. Ein Tritt in die Eier und du klappst zusammen, deine Freundin mit einem anderen erwischen und du möchtest am liebsten beide umbringen.

Aber Sophia, Sophia hatte ihren Lebenstakt wieder gefunden und die Perlen wanderten fortwährend durch ihre morschen Finger.

Was hätte er ihrem Sohn antworten sollen auf die Frage, wie es ihr geht?

Was, als nicht ein allgemein ungültiges gut, das ihn offensichtlich zufrieden stellte.

Jetzt hatte er ein schlechtes Gewissen und er befand sich auf dem Weg zu Sonja, um etwas davon zurückzuzahlen. Er war sich sicher, dass nie einer etwas erfahren würde, aber das verschaffte ihm keinen Trost.

Er war heilfroh, das alles für zwei Tage hinter sich zu lassen und weinte dem Ganzen keine Träne nach.

V.

Ihm war kotzübel, aber zumindest stand das Zimmer jetzt still.

Er hatte seiner Mutter eine morgendliche Überraschung im Hausflur hinterlassen, aber er erwartete keinen Dank.

Zumindest ging es ihm jetzt eine Spur besser. Nur die Augen schließen, das konnte und wollte er noch nicht. So raffte er sich erneut auf und öffnete die Balkontür ein Stück.

Der erste Zug von seiner Zigarette löste einen Hustenreiz aus und die Geräusche in seinem Ohr förderten die verdrängte Erinnerung hervor.

– Lungenkrebs, irgendeiner von den verwirrten Alten hatte doch Lungenkrebs.

Der Typ, der weiter rauchte, obwohl er nur noch einen Lungenflügel hatte. –

Ihm wurde wieder schlecht, doch diesmal schaffte er es bis zur Toilette.

– Ich muss da raus, da raus, da raus … –

Nach der morgendlichen Standpauke und zwei Scheiben trockenen Toast nahm er sich das Auto seines Vaters und fuhr zum Tennisplatz. Vorsorglich hatte er das Date nach hinten verschoben, er hatte sozusagen seinen Absturz im Urin. Zumindest waren seine Freunde gestern mit weg, was der Chancengleichheit beim anstehenden Match nur gut tun konnte.

Ein leichter Sommerschauer hatte in der Nacht die Straße befeuchtet, doch von den schwarzen Flecken auf dem Asphalt würde bald nur eine Erinnerung übrig bleiben.

Frank sah davon nichts, er hatte auf Durchzug geschaltet, wie er es immer machte, wenn er etwas glaubte zu kennen. Sein Körper gehorchte den automatisierten Befehlen und vollzog die Handlungen des Autofahrens in gewohnter Weise.

In seinen Augen war er ein geübter, sportlicher Fahrer, der zumeist mit den Fehlern der anderen zu hadern hatte, denn Ausgeglichenheit gehörte wahrlich nicht zu seinen Stärken. Besonders die Gattung der Hut- und Handschuhfahrer brachte ihn regelmäßig auf die Palme und genau so einer wagte es heute, seinen knapp kalkulierten Zeitplan zu durchkreuzen, indem er die Vorherrschaft seines BMWs auf seiner „Freude am Fahren"-Straße nicht anerkannte.

Gerade wollte er ausscheren und in einem gewagten Überholmanöver die alte Hackordnung wieder herstellen, als sein Interesse am verwünschten Vordermann erwachte, der so gemächlich seinem Ziel entgegen rollte.

– Was unterscheidet diesen Alten von den Alten im Heim?

Das Alter konnte es nicht sein, der Hutträger hatte mindestens genauso viel Jahre auf dem Buckel. Vielleicht hatte er mehr auf sich geachtet, oder …

Nein, die Gene, die Gene hatten sicher auch hier Schuld. –

Dieser Gedanke wurde sein Beifahrer, als er sich entschied die Vernunft dem maximalen Drehmoment vorzuziehen, aber so schnell wie sie kamen, kehrten sie auch wieder zurück, nachdem er an seinem vorläufigen Ziel anlangt war.

Seine Kumpels waren währenddessen fleißig gewesen und Frank konnte einen frisch abgezogenen Platz betreten. Aber erst musste er es schaffen, sich einen Weg durch ihre Spottparade zu bahnen.

„Du warst ja gestern wieder voll wie ein Haus."

„Zumindest habe ich gestern noch nach Hause gefunden."

Diese Erwiderung brachte zumindest den ambitioniertesten Spötter zum Schweigen, der jetzt seine ganze Anstrengung darauf richtete, das Lager der Rothäute zu verlassen. Was ihm aber erst nach Abklingen des Gelächters gelang.

„Hast du mit Melanie heute schon gesprochen?"

Eine Frage hinter, der sich mehr versteckte.

„Warum sollte ich? Sie hat meine Nummer und wenn sie aufgehört hat rumzuzicken, wird sie sich schon melden."

„Du hättest es trotzdem nicht auf die Spitze treiben sollen."

„Hey, sie muss einfach lernen, dass ich meine Freiheit brauche und jetzt genug davon, schließlich sind wir ja nicht zum Quatschen hier."

Nach einer kalten Dusche und einem Liter Flüssigkeit, die seine Leber dankend annahm, ließ sich Frank erneut in seinen Fahrersitz fallen. Zuvor jedoch griff er in das Handschuhfach und mit den Zahlen 2577 eröffnete sich ihm die Möglichkeit der mobilen Kommunikation.

Aber kein Piep durchbrach die Abschottung seines Fahrzeug, sie war anscheinend wirklich sauer. Erst auf den letzten Metern seines Heimwegs wurde er erlöst, doch er zwang sich seine Fahrt zu beenden, bevor er die ihm zugesandte Nachricht las.

– Ich glaube ich habe gestern überreagiert. Es tut mir Leid. Ich hoffe du bist nicht mehr böse. Ich wäre heute noch gerne bei dir –

Liebe ist doch was Großartiges, ging es Frank durch den Kopf, wie sehr entstellt sie doch die Welt und ihre Wahrheit.

VI.

Frank kam, sah und lernte, aber das Verständnis kam erst später.

Am Beginn seiner zweiten Woche im Heim der Vergessenen empfing ihn Sonja bereits am Eingangstor zum Garten. Aber es war nicht die Vorfreude auf ihn, die sie zu ein paar Schritten in der frischen Luft bewegte, sondern ein angeregtes Gespräch mit einem bambusfarbenen Vertreter der Staatsgewalt.

Darin und in die braunen Augen des Beamten war sie so vertieft, dass sie von ihm zuerst keine Notiz nahm, als er sich schleppenden Schrittes auf sie zu bewegte. Er selbst war froh um den kleinen Aufschub vor der ungeliebten Pflicht und achtete nicht auf Sonjas missmutigen Blick, nachdem er sich zu ihnen dazu gesellte. Gerade rechtzeitig, um Zeuge eines großen Auftritts zu werden.

Die Huldigung eines Staatsgastes im Rücken trat Marcel ins Freie, gefolgt vom Fahrer des grün-weißen Audi, der angemessene zwei Schritte Abstand zur Hauptperson wahrte.

Irgendwie erschien Marcel größer, vielleicht waren es die Absätze seiner braunen Lederschuhe, vielleicht ging er auch nur aufrechter. Denn Frank hatte ihn bei weitem kleiner in Erinnerung.

Mit einem kurzen Blick auf seinen Gefolgsmann und zwei tiefen Lungenzügen schritt er die Stufen hinab, wandelnd auf einem imaginären roten Teppich, der an seinem Automobil endete. In der Brusttasche seines dunklen Anzuges, der so alt war, dass er schon fast wieder modern wurde, befand sich die zusammengestellte Einkaufsliste. Auch heute würde die Suche im Supermarkt beginnen.

Auf Höhe der Dreiergruppe angelangt blieb er kurz stehen und ein: „Wir können" wurde zum Startsignal für den Beamten, den Sonja ach so heftig umgarnte. Ein kurzes Kopfnicken zu den verlassenen zwei aus dem Fond seines Transportmittels, bei dem Marcels Sonnenbrille bedrohlich nach vorne wanderte, und sie verschwanden im Straßengewirr der Stadt.

Frank brauchte jetzt Gewissheit.
„Was ist denn überhaupt los?"
Und Sonja, in Gedanken noch bei einer erneuten unerfüllten Liebe, konnte sie ihm geben.
„Mm? Ach, Klara ist wieder auf Tour."
„Ja und weiter?"
„Klara, Klara hat Alzheimer und ein-, zweimal im Monat entwischt sie uns. Dann holen sie Marcel und er bringt sie wieder zurück."
„Ja aber, woher weiß er wo sie ist?"
„Keine Ahnung, aber bis jetzt hat er sie immer gefunden."
„Und sein Auftritt?"
„Er ist halt der Pate, denk nicht so viel darüber nach. Jetzt gehen wir erst mal rein und trinken einen Kaffee."
Ein letzter Blick in Zeit und Raum und sie traten ein.

Zwei Stunden später stand Frank auf der Terrasse des Anwesens und blies helle Rauchwolken in die Luft. Er brauchte etwas Zeit, Zeit für sich und Zeit zum Vergessen. Stumm beschritt er die wirren Linien der Pflastersteine, welche in die Terrasse eingefasst waren und mühte sich ab, ein Muster herauszulesen. Es gelang ihm nicht.

Dabei wurde mit leisen Knarzen die Tür zur scheinbaren Freiheit geöffnet und der Träger der schwarzen Hornsonnenbrille trat ins Freie.
„Suchen Sie was?"
Frank wandte sich nicht um, er hatte die Stimme erkannt.
„Vielleicht, haben Sie etwas gefunden?"
„Natürlich, solange etwas gefunden werden will findet man es auch."
Frank wusste um sein Lächeln.
„Woher wollen Sie wissen, dass ich etwas suche?"
„Nun, weil Sie vielleicht noch nichts gefunden haben."

„So?" Franks Körperhaltung veränderte sich.

„Es ist ähnlich wie mit den Pflastersteinen, auf denen Sie gehen.

Nehmen wir an Sie verlassen Ihren Weg und treten zur Seite, ein paar Schritte reichen und Sie werden mehr sehen. Je weiter Sie sich dann entfernen desto mehr erkennen Sie, bis es letztendlich an Schärfe verliert, weil Sie zu weit weg sind."

Frank verstand nicht, aber er antwortete intuitiv.

„Vielleicht will ich nichts sehen."

„Das ist keine Frage von wollen sondern von können."

Mit diesem Satz verschwand Marcel ins Innere des Gebäudes und ließ Frank allein zurück. Dieser blickte ihm nach, als Marcel die Glastüre zuzog und ihm sein Spiegelbild entgegenwarf.

Für seine letzte Zigarette setzte er sich an den Rand der Terrasse und blickte gedankenverloren in die gierige Glut.

– Was will ich denn, sehen –

Das Heim hatte bis zur Mitte der Woche eine ausgeglichene Bilanz erreicht.

Man verbuchte einen waagrechten Abgang und eine senkrechte Ankunft. Eine Ankunft, die wie fast alle anderen vorher, gewisse Vorkehrungen erforderte, damit die anschließende obligatorische Führung durch die grauen Zellen der Menschheit in einem wirtschaftlichen Erfolg enden konnte.

Der Geräuschpegel war es, der zuerst gesenkt werden musste und Schwester Bettina drehte zu diesem Zweck eine Runde durch die mit Stöhnen und Krächzen erfüllten Gänge. Die anschließende Ruhe, welche sich wie ein langer Schatten über sie legte, ließ Frank aufhorchen.

Die Geister hatten Pause, nur der Geruch ihrer Schleier blieb.

Jetzt nahm Frank zum ersten Mal das Quietschen seines Reinigungswagens wahr und er fühlte sich unbehaglich, hier oben ganz allein. Dabei tat das schwache Licht ein Übriges, seine innere Unruhe zu verstärken.

– Was für eine schwachsinnige Idee, jede zweite Glühbirne raus zu schrauben, ging es ihm durch den Kopf, das konnte nur von diesem verdammten Erbsenzähler kommen. –

Zum Glück fehlte ihm nur noch ein Zimmer im Obergeschoss, ein leer stehendes, Gott sei Dank. Begleitet vom stetigen ihg-ihg, ihg-ihg, steuerte er ihm entgegen und wieder hatte er das Gefühl nicht allein zu sein.

Endlich angekommen warf er einen schnellen Blick über die Schulter, aber da war niemand, niemand den er sah.

Sein Generalschlüssel verschwand im Schloss und öffnete ihm die letzte Station seiner Arbeitsreise. Mit einem Staubwedel bewaffnet schritt er durch den Raum und erschuf ein unruhiges Universum nach dem anderen.

Diese Zimmer hat es wirklich nötig, dachte er bei sich, und verharrte für einen Augenblick vor den aufgestellten Fotografien, bevor er sich weiter anschickte die Spuren der Zeit zu verwischen. Aber er kam nicht weit, das Knarzen der Türklinke ließ ihn aufschrecken und herumfahren. Dabei packte er den Staubwedel mit beiden Händen und die Kraft seines Köpers ließ seine Unterarmsehnen hervortreten. In diesem Moment war er bereit zum Kampf mit den Mächten der Finsternis, bereit bis zum letzten Atemzug für die Unsterblichkeit seiner Seele zu kämpfen.

Aber sein Gegner blieb hinter seinen Erwartungen zurück. Nicht viel mehr als ein alter Mann stand im Türrahmen, ein alter Mann, der sich seinerseits mit einem Lächeln bewaffnet hatte, begründet durch den merkwürdigen Empfang, der ihm bereitet wurde.

Er legte seinen Kopf leicht zur Seite, wobei sich seine Stirnfalten vertieften, bevor er ansetzte.

„Wollen Sie mich in Stücke wedeln?"

Erst der lang gezogene Blick auf seine ungeeignete Hieb-, Stich- oder Stoßwaffe ließ die Erstarrung allmählich von ihm abfallen. Aber seine Antwort geriet trotzdem stockend.

„Sie haben mich erschreckt."

„Keine Angst, ich bin weder der Tod, noch der Teufel. Noch nicht einmal der Putzteufel."

Marcel konnte die Heiterkeit aus seiner Stimme nicht verbannen, obwohl er merkte, wie unangenehm Frank das Ganze war. Erst als er vor dem eingerahmten Bild stand und sein knöcherner

Zeigefinger die Distanz zu überbrücken versuchte, kehrte die alte, melancholische Stimme zurück.

„Aber ich kann es Ihnen nicht verdenken, dass Sie nervös sind."

Seinen Herzschlag noch deutlich im Ohr trat Frank einen Schritt auf ihn zu.

„Warum?"

Bei diesem Wort traf Frank ein geheuchelter, unverständlicher Blick, den der Absender zuvor mehrmals geprobt hatte.

„Man hat es dir nicht gesagt?"

„Was, was hat man mir nicht gesagt?" Frank wurde ärgerlich.

„Na der Bewohner, besser gesagt der ehemalige Bewohner ist gestern hier drin gestorben."

Damit war aber noch nicht genug, noch fehlte der Höhepunkt.

„Dort wo Sie jetzt stehen hat man ihn gefunden."

Franks Atmung wurde schneller und hätte er gewusst wohin, er wäre gesprungen. Der Satz geriet allerdings kleiner als erwartet, aber Hauptsache die Richtung stimmte.

Ein leises: „Das hat mir niemand gesagt" durchbrach die aufgekommene Totenruhe. Für den Sturm aus Wut und Entrüstung, der in ihm tobte, stellten die gesprochenen Worte eine unmenschliche Leistung dar.

Marcel verlor seinen Faden nicht, er war im Begriff ein Eisen zu schmieden, das heiß genug war.

„Im Umgang mit dem Tod zeigt sich der Mensch, das habe ich irgendwo einmal gelesen. Ich weiß bloß nicht mehr wo. Kennen Sie den Satz?"

Frank hörte, doch die eingetretene Betroffenheit hielt ihn in Stase. Er war wirklich betroffen, betroffen vom Tod eines anderen, vor dessen Foto er stand. Vor dem Abbild eines Unbekannten, das sich für den Rest seines Lebens in seine Erinnerung einbrannte.

Selbst als ihm die Logik gebot die Augen zu schließen sah er ihn, ihn, den Fremden, in den Situationen eines fremden Lebens.

Er wurde Zeuge seiner Hochzeit. Er sah ihn seine Enkel an der Hand halten, seine Frau neben ihm stehen.

Bilder die er kannte erhielten sein Gesicht und als er die Augen wieder öffnete, bedauerte er den Tod eines Fremden.

Marcel nahm vorsichtig die Hand von Franks Schulter. Er hatte die Berührung nicht bemerkt.

„Ist alles in Ordnung mit Ihnen?"

Frank ließ die Bilder zurück.

„Ja, natürlich" ein letztes Mal und: „Aber ich muss jetzt weitermachen", beendeten die indizierte Sequenz. Nur ein gewünschtes Versprechen vernahmen die hellhörigen Wände zum anstehenden Abschied.

„Sie erzählen doch niemandem von der Geschichte mit dem Staubwedel?"

„Ich werde schweigen wie ein Grab."

Dass auch alte Männer lügen erfuhr Frank erst am nächsten Tag.

VII.

An diesem Morgen war er fast pünktlich, die zwei Minuten würde die Ewigkeit wohl entschuldigen. Den feinen Zwirn hinter einer Plastikschürze geschützt, schickte er sich an die Tafel aufzutragen.

Mit seinen gewohnt schleppenden Bewegungen versuchte er die Zeit zu dehnen, um nicht in die Gefahr zu geraten eine weitere Aufgabe zu bekommen. Denn mittlerweile durchschaute er die verschworene Gemeinschaft der Pfleger.

Tröpfchenweise trudelten die Alten ein und die Reihen begannen sich zu füllen. Heute war er einer von ihnen, mit tiefen Furchen im Gesicht und schwarzen Rändern um den Augen. Die letzte Nacht war eine unruhige gewesen, aber er wurde entschädigt durch eine auffallend vermehrte Anzahl von „Guten Morgen"-Wünschen.

– Oh Gott, ich muss wirklich furchtbar aussehen. –

Seine Hände versuchten die Jugend seiner Haut mit einer Massage zu wecken. Aber seine Bemühungen waren vergeblich, er war jetzt einer der ihren, Phönix aus der Asche eines Fremden.

Am Tisch angekommen, an dessen Stirnende Marcel thronte, und die Seinen um sich versammelte, verlangsamte er seinen Schritt. Irgendwas lag in der Luft, zu viele Augen folgten ihm. Er brauchte Gewissheit, nicht neue Zweifel und er erhielt sie von einen schweigsamen Mann.

Hektor beendete seinen Weg, grimmig baute er sich vor ihm auf und sein Gesicht wurde zur Fratze. Frank fühlte sich wie das Kaninchen vor der Schlange. Ein kaltes Zittern bemächtigte sich seines Körpers.

Dann sah er es, ein Messer blitzte in Hektors Hand und geistesgegenwärtig riss Frank seine Hände nach oben. Einen Augenblick später blickte er verwundert durch seine überkreuzten Unterarme, der Todesstoß, er musste ihn verfehlt haben. Ungläubig sah er auf und vor ihm stand Hektor, der abgehakte Fechtbewegungen vorführte und ihn erneut aufforderte.

„Kämpf, kämpfe wie ein Mann."

Erst langsam begriff Frank die Situation und er neigte sein Haupt zur Seite an dem das Lachen am lautesten aufbrandete und da saß er, Marcel. In seiner rechten Hand hielt er einen Staubwedel, den er einem Taktstock gleich durch die Luft bewegte. Wahrlich, seine Komposition war gelungen.

Selbst der Düpierte stimmte, nach anfänglichem Zögern, in das Gelächter mit ein. Das war das erste Mal, dass Frank über sich selber lachte.

Er hatte gehofft ihm am Nachmittag über den Weg zu laufen, so zufällig wie alles dem Zufall entsprang. Aber er wurde enttäuscht, dabei hätte ein kurzer Blick auf das schwarze Brett genügt um sie gar nicht erst aufkommen zu lassen.

Um 13 Uhr war Abfahrt zu einem Besuchertag der anderen Art. Einer Aktion, die in der bebilderten Werbebroschüre des Heims sogar eine farbliche Hervorhebung genoss.

„Mehrmals im Monat wird Ihren Lieben die Möglichkeit angeboten, bereits verstorbene Angehörige auf den Friedhöfen unserer Stadt zu besuchen."

Eine gut gemeinte Geste, die regen Zuspruch fand unter den Bewohnern.

Bei den ersten Fahrten wurde die Gelegenheit noch beim Schopfe, und die Fahrgäste beim Geldbeutel, gepackt, um den Absatz von solch nützlichen Utensilien wie Heizdecken, Rheumadecken usw. im oberbayerischen Raum zu steigern. Aber die zunehmende negative Berichterstattung über so genannte Kaffeefahrten veranlasste den Heimleiter den Verkauf einzustellen und sich auf das Kerngeschäft zu konzentrieren.

Das Leben und den Tod.

Bereits um halb eins hatte sich ein geschwätziges Völkchen vor dem Heim versammelt. Rausgeputzt und ihre beste Garderobe präsentierend warteten sie auf das Eintreffen des umfunktionierten Schulbusses. Selbst der wolkenverhangene Himmel schickte sich an, sonnige Grußbotschaften durch das aufgezogene Grau zu schicken, das noch vor kurzem die Erde benetzte. Marcel befand sich mitten unter ihnen. Er half einem alten Soldaten sein Marschgepäck zu schleppen.

Endlich bog ein Bus in die Straße ein und nach wenigen Metern erhielten sie Gewissheit. Das war ihr Bus, an dem mit Leuchtschrift das Wort „Sonderfahrt" prangte. Eine nervöse Unruhe ergriff die Gruppe, jetzt ging es um einen Fensterplatz. Denn die Fahrt ging nicht nur zum Friedhof, sie ging in direktem Weg in die Vergangenheit.

„Schauen's, da hinten hab i gwohnt."

„Mit derer Straßenbahn bin i früher immer gfahrn."

„Da drüben stand das Kaffee Zentral, mein Gott, war der Besitzer ein schöner Mann. Ein Galant, aber so was gibt's ja heut nimmer."

Der Fahrer des Busses hatte sich vorsorglich eine Zeitung mitgenommen, um die Zeit des Ein- und Aussteigens zu überbrücken. Gewisse Stufen werden im Alter einfach höher. Aber es war auch für ihn eine willkommene Abwechslung seines beruflichen Alltages.

Kein Herumturnen auf den Sitzbänken, keine Wettrennen im Mittelgang und vor allem diese himmlische Ruhe. Er fuhr sie wirklich gerne. Vorsichtshalber ging er nach jeder Fahrt die Sitzreihen ab. Er fürchtete keine Beschädigung, nur ab und an wurde etwas vergessen.

Wie beim ersten Mal, damals hatte ein Grundschüler ein künstliches Gebiss zwischen den Sitzen gefunden. Natürlich wusste er damit nichts Besseres anzufangen, als es sich in den Mund zu stecken und hinter seinen Mitschülerinnen herzujagen. Der Tumult wurde schließlich so groß, dass er anhalten musste. In dem Moment wusste wohl der kleine Hobbyvampir um das Anbrechen des Tages. Mit einem Satz zwischen die Sitzreihen versuchte er der Lichtgestalt zu entgehen, aber es war zu spät. Eine riesige Hand packte ihn, während die zweite schon zur Ohrfeige ausholte. Das fremde Gebiss verließ seinen Mund und landete punktgenau in dem Wuschelkopf eines blonden Engels, der nun seinerseits laut schreiend durch den Bus stob. Erst nach zwanzig Minuten hatten sich die Gemüter so weit beruhigt, um die Fahrt fortsetzen zu können. Für den Übeltäter wurde ein Platz in der ersten Reihe freigemacht und bis zum Ende der Fahrt hatte er den Satz: „Es tut mir Leid, Papi", gut zweihundert Mal wiederholt.

Marcel und Hektor stiegen zuletzt ein. Ganz Kavaliere der alten halfen sie beim Einsteigen. Als auch sie ihre Plätze eingenommen hatten und versuchten, sich mit den abgewetzten und verschmierten Polstern anzufreunden, konnte die Fahrt beginnen.
Beim Start des Motors erzitterten die Regentropfen an der Seitenscheibe des Omnibusses. Langsam begannen sie den Kreislauf zu schließen und einen Weg zu finden. Mit seinem Zeigefinger zeichnete Marcel ihren Weg nach, vorhersehen konnte er ihn nicht.

Seit zwei Wochen lebte er nach der Maxime, dass keine Nachrichten gute Nachrichten sind, aber jetzt hatte er sie erhalten. Eine, vielleicht zwei Wochen blieben ihr.
– Gib ihr noch etwas Zeit, du hast doch genug davon. –
Es war sein Egoismus der dies hervorbrachte um die Tiefe seiner Trauer zu lindern. Den Anfang eines neuen Weges deutete sein Finger, als ein Regenbogen den Himmel bereicherte. Der Topf mit Gold war vergessen, aber das Zeichen des Bundes schenkte ihm neue Hoffnung.
Ein geschwätziges Grüppchen durchschritt die gusseiserne Eingangstür des Friedhofs und seine hohe Ziegelmauer nahm sie in sich auf. Der Tross, bei dem Marcel und Hektor die Nachhut bildeten, marschierte den Kiesweg entlang, bewaffnet mit Stöcken und Krücken.
Eine Mutter, die Zeugin des Schauspiels wurde, fasste nach der Hand ihrer Tochter, oder war es ihre Jugend.
Am ersten Brunnen ihres Weges nahmen sie die grünen Gießkannen von den Eisenständern und füllten sie. Natürlich nicht

voll, denn so mancher Weg war noch weit und Hilfe fern. Den Bändern ihrer Freundschaft folgend trennten sie sich und machten sich auf, ihre Trauerarbeit zu leisten. Eine Trauerarbeit, die aus Geschichten und Anekdoten bestand, denn die Zeit hatte ihre Wunden bereits vernäht.

Don Quichotte und sein Knappe hatten den kürzesten Weg. Nach wenigen Metern standen sie vor ihrem Ziel, den ein Kreis aus Fichten einschloss. Im Zentrum stand eine nachdenkliche, steinerne Figur, die ihren Körper im Leid verdrehte und ihr Gesicht dem Himmel zuwandte.

Das Schild darunter war kurz und knapp.

„Denkmal des unbekannten Soldaten"

Hektor war da anderer Meinung gewesen.

Erinnerung braucht Namen, und so hatte er bei seinem ersten Besuch krakelige Zeichen in den Stein geritzt.

Es waren die Namen derer, die er jetzt durch seine stumme Andacht zu neuem Leben erweckte.

Der Himmel teilte sein Befinden und die Sonnenstrahlen schwanden. Ein leichter Schauer gab Hektor die Möglichkeit, ohne Scham zu trauern. Nur die Bilder wollten nicht verschwimmen. In ihnen wohnte eine eigene Zeit, jede Stunde dehnte sich, je weiter er sich entfernt hatte. Wie hätte er auch verarbeiten können, er lud den Ballast der anderen auf sich, ganz Pflichterfüllung, die ihn auszeichnete.

Kreischende Gestalten, Körperteile, die durch die Luft fliegen und überall Blut, das den Graben tränkt. Er war nicht als Erstes bei ihnen gewesen, aber er blieb am längsten, während im Hintergrund die Kotz- und Würgegeräusche der Soldaten zu hören waren. Er hatte nichts gehört, weder das, noch die Fragen der Sanitäter, den Befehl ebenso wenig, erst neuer Schmerz hatte es geschafft ihn zu lösen.

Der Regen wurde stärker, ihre Mäntel begannen zu durchweichen. Marcel drängte sanft zum Aufbruch und Hektor folgte widerstrebend. Er wäre gern hier geblieben. Im Bus saßen sie nebeneinander, beide den Tod vor Augen.

VIII.

Eine Tür geht zu, die andere auf.

Die letzte Tür, die Frank in der Hand hielt, fiel krachend ins Schloss.

Sie hatten sich gestritten. Das war nichts Ungewöhnliches in ihrer Beziehung. Dabei hatte der Abend so verheißungsvoll angefangen. In der Abgeschiedenheit ihrer Wohnung hatten sie die Zweisamkeit gefunden, es geschafft, ihre innewohnende Einsamkeit zu überwinden. Jetzt kosteten sie die Nähe aus, die das Nachgeben ihres Verlangens ihnen schenkte. Ganz Empfindung gaben sie sich ihren kleinen Zärtlichkeiten hin.

Sie redeten leise von Melanies Eltern. Sie hatten Probleme, miteinander und ohne einander. Er kannte ihre Situation und er kannte seine Aufgabe, zuhören. Dabei hätte er ihr gern von seinen Erlebnissen im Heim erzählt, aber selbst jetzt fürchtete er den Verlust seines Bildes.

Kurz darauf verschwand er ins Bad und als er wieder kam war alles anders.

Sie lag auf dem Bett, der Fernseher dudelte im Hintergrund und pries die Errungenschaften der modernen Industrie an. Ein Produkt hielt sie jetzt in ihren Händen, fassungslos und nach Worten ringend. Statt Worten folgten Taten. Sie schleuderte ihm sein Handy entgegen und beschimpfte ihn mit jedem Schimpfwort, das ihr Wortschatz barg.

Was war geschehen? Sie hatte ein Mail gelesen, ein Mail das nicht für ihre Augen bestimmt war. Die Nummer hatte sie gleich erkannt, es war die Nummer von jemand, die sie als Freundin bezeichnet hatte, hatte, wohlgemerkt.

Was hat sie veranlasst sein Handy zu durchsuchen?

Unsicherheit, ein vager Verdacht, die Suche nach Gewissheit, oder einfach eine gute Menschenkenntnis. Wahrscheinlich spielte alles eine Rolle, als sie sich entschied seine Privatsphäre zu ignorieren. Vielleicht war sie auch gar nicht so überrascht. Sie hatte in letzter Zeit viel in sich reingefressen.

Frank versuchte nichts zu erklären. Es gab keine Erklärung, nur ein Eingeständnis, das er nicht über seine Lippen brachte. Während sie ihr Gesicht in das Kissen vergrub, sammelte er seine restlichen Klamotten. Einen Moment zögerte er, sah sich neben ihr sitzen und ihr über den Kopf streichen, dann ging er wortlos. Nur ein Teil von ihm blieb zurück.

Melanie hörte den dumpfen Knall. Ihr Schluchzen wurde leiser, Selbstmitleid lag ihr nicht. Eine Zeit lang lag sie noch so da, atmete tief durch den Widerstand und versuchte ihre Gefühle einzudämmen.

Dann hatte sie genug. Sie hob ihren Kopf und stützte sich auf ihre Ellenbogen. Ihre Finger nestelten an den Knöpfen des Kissenbezuges.

Die Diebin zog ihre Beute hervor, ein T-Shirt, fleckig und feucht, aber es war seins. Sie grub ihre Fingernägel hinein, spannte es und war drauf und dran es zu zerreißen, aber sie schaffte es nicht. Am Ende blieb ihr Gesicht bedeckt, neue Tränen netzten den Stoff aus dem ihre Träume waren, der mehr verhüllte als er preisgab.

Er war wütend, stocksauer und so prügelte er auf das Lenkrad ein. Eine andere Richtung kannte er nicht, immer nach vorne, immer weiter. Die Gegner mussten kleiner sein, oder klein geredet werden. Der Motor heulte auf, die Grenze des Tempolimits war schnell überwunden, die Grenze zur Hysterie noch nicht. Einmal mehr signalisierten die Nebelscheinwerfer, macht mir Platz, einmal mehr steuerte er sein Fluchtfahrzeug. Zwei Rotlichtverstöße und einen Beinahe-Crash später, quietschten die Bremsen ein letztes Mal. Mit schnellen Schritten eilte er in sein Zimmer, Energie war genug vorhanden. Auch heute wurde er wieder der beste Gast in seiner eingerichteten Besucherbar.

Das erste Glas der bernsteinfarbenen Flüssigkeit leerte er mit einem Zug.

Während der Schraubverschluss am Boden lustig seine Kreise zog. Ein neues Feuer brannte in ihm auf, gelegt, das andere einzugrenzen. Die Mühe sich hinzusetzen machte er sich nicht, es musste schnell gehen, niemand leidet gern. Das zweite wurde geleert, schickte sich an, den Fall zu verstärken, dessen Tosen nichts entrinnen konnte. Im dritten fand er sein Level wieder, gut versteckt und doch jederzeit greifbar.

Er war in jeder Hinsicht geübt, ein kleiner Schritt nach rechts und im ersten Anlauf erwischte er den Verschluss. Der Flaschengeist wurde eingesperrt. Er blieb in Sicht-, aber nicht in Reichweite, als er in voller Montur auf das Bett fiel. – Alkohol ist ein wunderbares Mittel zum Desinfizieren. – Sein letzter Gedanke, bevor er hinüberglitt.

Er hatte sich nicht die Mühe gemacht sich umzuziehen. Die bewertenden Blicke des übrigen Personals ignorierte er. Nach seiner ersten kleinen Mahlzeit, am heutigen Morgen, half er beim Ausladen der XXL-Windeln.

Selbst jetzt, in ihrem ungebrauchten Zustand, ekelte es ihn.

„Niemals, niemals will ich so enden", ging es ihm durch und durch.

Einen Karton nach dem anderen schluckte das Haus, hineingetragen auf ihren Schultern. Selbst der Hausmeister legte seinen Besen zur Seite und packte mit an.

Sonja beaufsichtigte den Entladevorgang an der Rampe des Lkws. Mit schmachtenden Blicken betrachtete sie das Muskelspiel des Lkw-Fahrers, der, ganz Routine, die Kartons aus dem Bauch seines Hängers nach vorne schleppte.

Nur ein ärmelloses T-Shirt bedeckte seinen Oberkörper und schürte so Sonjas Fantasie an. Sie wäre ihm zu gerne zur Hand gegangen, dort oben, in unerreichbarer Höhe. Mit pochendem Herzen hätte sie gewusst, sein Interesse an ihr zu wecken. Eine kleine Berührung, ein Augenaufschlag und ein viel sagendes Lächeln. Das Spiel wäre im vollen Gange gewesen und er ihre Beute. Aber ein Meter dreißig waren zu hoch, zu hoch für eine kleine Frau, die seit ihrer Kindheit ihr Idealgewicht verloren hatte. Nur das viel sagende Lächeln blieb ihr, um ihre Netze auszuwerfen. Aber schon nach seiner zweiten Rückkehr aus dem Dunkeln fand er es keiner Erwiderung mehr wert.

Frank ahnte was vorging, vielleicht empfand er sogar so was wie Mitleid für sie. Genau wusste er es nicht, mit Selbstmitleid kannte er sich besser aus.

Trotzdem war er heute an der Reihe, als der Laster sich in einer schwarzen Dieselwolke verabschiedete.

„Komm, jetzt gehen wir erst mal einen Kaffee trinken."

Vier Stunden später fand er sich an einem Ort wieder, von dem er geglaubt hatte, ihn für immer hinter sich gelassen zu haben.

Jetzt betrat er ihn wieder, fremden Spuren folgend. Hätte er sich früher schon aufgerafft nachzudenken, er hätte die Rätsel, die ihn umgaben, nicht ignorieren können. Aber ein Rätsel das ihm direkt gestellt wurde, das gab es noch nie. Bisher kannte er die Antwort auf jede Frage, denn meist wurde sie ihm gleich mitgeliefert.

Zwei Schritte von der Türschwelle entfernt, betrachtete er den sterilen Raum, zu den er ihn gemacht hatte. Nichts erinnerte ihn mehr, keine Bilder erfüllten ihn. Er war nahe am Vergessen, aber das ließ er nicht zu.

„Ich habe mir gedacht, dass Sie wieder hierher kommen."

Diesmal war er gefasst.

„So, bin ich so leicht zu durchschauen?"

„Nein, aber Sie vergessen mein Alter. Die Welt ist eine ständige Wiederholung von Farben und Formen."

Frank genoss den Klang der Stimme.

„Sie haben Ihr Wort nicht gehalten."

„Ja, aber das Ergebnis hat es gerechtfertigt. Das Lachen sollte man nicht verlernen."

Bis jetzt hatte er sich nicht umgedreht. Er wollte ihn auf die Probe stellen.

„Da haben Sie wahrscheinlich Recht. Aber sagen Sie mir eins, warum bin ich wieder hier?"

„Ist das Ihre einzige Frage?"

Jetzt musste er sich umdrehen, jetzt musste er sehen, dass es der kleine, alte Mann war, der hinter ihm stand.

Das immer gleiche Lächeln begrüßte ihn. Marcel ging an ihm vorbei und strich mit seiner Hand über die Möbel, die er passierte.

„Sie waren fleißig, seine Spuren zu verwischen. Heute Morgen haben sie den Rest abgeholt."

„Wer, wen meinen Sie?"

„Seine Angehörigen, seine beiden Töchter nebst Gatten. Das Weinen habe ich bis in mein Zimmer gehört."

„Haben Sie ihn auch gekannt?"

„So gut wie wir Menschen kennen, die neben uns wohnen."

Er machte eine Pause, um zur vollen Wirkung zu gelangen.

„Er war ein guter Mann."

Frank begann zu überlegen.

– Was ist ein guter Mann? –

Aber bevor er eine weitere Frage formulieren konnte erhielt er die Antwort.

„Er hat Zeit seines Lebens versucht, das Richtige zu machen. Vierzig Jahre lang war er mit derselben Frau verheiratet und er liebte sie wie am ersten Tag. Sie hatten drei Kinder, aber das Erstgeborene starb kurz nach der Geburt. Die ältere Tochter wurde ebenfalls Ärztin und sie übernahm seine Praxis, als er sich nach dem Tod seiner Frau zurückzog.

Sie wollte ihn bei sich aufnehmen, aber er entschied sich für das Heim. Er wollte niemanden zur Last fallen und ich hatte nie den Eindruck, dass er unglücklich war mit seiner Entscheidung."

Die nächste Pause folgte.

„Er führte ein Leben wie aus dem Bilderbuch, das jetzt leider für immer geschlossen bleibt."

Erst im letzten Satz spürte Frank den Schmerz, den Marcel die letzten Worte bereiteten. Jetzt war er versucht ihn zu entzaubern.

„Woher wissen Sie das alles?"

Marcel rieb den gefundenen Staub zwischen Daumen und Zeigefinger.

„Ich höre zu, hören Sie zu?"

Eine einfache Frage, auf die es nur eine einfache Antwort geben konnte.

„Ja natürlich, das machen wir doch alle."

Frank begab sich tiefer hinein, ohne es zu wissen. Bei seiner Antwort drehte Marcel sich ihm zu und die dunklen Augen begannen zu prüfen.

„Ich meine nicht nur mit den Ohren."

Frank runzelte die Stirn. „Was denn sonst noch?"

„Kleine Gesten, Regungen, das Wissen um den anderen, all das …"

Er stoppte, er wollte ihn nicht überfordern, nur zum Nachdenken bringen und das hatte er geschafft.

Frank löste sich von ihm.

– Was gab es mehr als Worte? Entweder man sagte etwas oder man schwieg, wenn man nichts zu sagen hatte, oder sagen wollte. –

„Sie haben doch ein gutes Beispiel schon kennen gelernt, Sophia."

„Sie meinen die Alte im Schaukelstuhl?"

„Ja, ich meine die Alte im Schaukelstuhl." Bei Marcels Wiederholung spürte er den Unmut über seine Wortwahl.

Erste Schritte auf einen neuen Weg.

„Gehen Sie hin und hören Sie zu."

„Und was habe ich davon?"

Marcel lachte in sich hinein. „Nichts, oder vielleicht alles, zumindest verlieren Sie dabei nichts."

Frank schüttelte den Kopf über so viel Unsinn, aber Marcel setzte erneut an.

„Was nutzen Ihnen alle Antworten dieser Welt, wenn Sie sie nicht verstehen, und Verständnis beginnt nun mal mit der Bereitschaft zum Zuhören."

Da war er wieder, der melancholische Ton und er lag weiter im Raum, als sein Erzeuger das Zimmer bereits verlassen hatte.

Er war wahrlich im Begriff, daraus eine Tradition zu gründen.

So kam es, dass er sich wiederfand, in Sophias Zimmer. Ohne Essenstablett, Waschlappen, oder seiner helfenden Hand beim Aufstehen. Die Aussicht auf neue Erkenntnisse ließen ihn vor einer alten Frau stehen und so ganz verstand er seine Handlungen nicht. Aber das war nichts Ungewöhnliches in seinem Leben.

Sophia saß unterdessen in ihrem Schaukelstuhl und verschmolz mit ihm im sanften Wippen der verstreichenden Sekunden. Sekunden, die ihre Bedeutung verloren, als er sich fallen ließ. Stumm beobachtend, keinen Lärm erzeugend, setzte er sich vor ihr auf den Boden. Er dachte nicht mehr, die Perlen ihres Kranzes wanderten durch seine Finger, seine Lippen bewegten sich durch ihre lautlosen Worte. Ihr Blick blieb verhaftet, in der Stellung der Demut, nach unten gerichtet.

Die Welt um ihn herum wurde laut, da er still wurde. Ganz Konzentration auf seinen Wunsch zu hören, vergaß er sich und die anderen, nur sie nicht.

Sein Wunsch wurde Wirklichkeit, obwohl er hätte schwören können dass sie nicht lauter wurde. Ihm war als wäre alles da gewesen, der ganze Raum, erfüllt von ihrer steten Wiederholung. Er musste nur hineintauchen, die Augen schließen und sich treiben lassen durch den Strom.

„Vergib uns unsere Schuld, wie auch …"
Sie betete.
„Vater, vergib mir meine Schuld, denn ich habe gesündigt."
Sie bat um Verzeihung.
„Und vergib meinem Sohn, denn er ist frei von Schuld."
Sie bat um Verzeihung für sich und ihren Sohn.

Beschwingt und stolz auf seinen Erfolg verließ er sie und mit dem Lärm seiner Schritte kehrte er zurück. Es war ein eiliger Aufbruch gewesen, ohne Umkehr und Verweilen. Seinen errungenen Sieg im Rücken eilte er zu Marcels Zimmer.

– Was nützt schon ein Triumph, an dem kein anderer teilhat. Jetzt spielen wir in der gleichen Liga. –

Diese Gedanken gingen in ihm rum, weckten seine Überheblichkeit gegenüber den Unverstandenen. Doch wenige Meter vor Marcels Tür stockte er.

– War das ihre Stimme? –
Er begann sich langsam zu nähern.
– Ich muss mich verhört haben –

Unsicher drückte er die Klinke nach unten, öffnete behutsam die Tür.

Es war ihre Stimme gewesen. Sie saß am Fußboden, die Beine übereinander geschlagen, den Oberkörper abgestützt und hing an den Lippen des alten Mannes. Sie drehten sich nach ihm um und Marcel stoppte in der Mitte des Satzes.

„Ah, da ist er ja, wir haben auf Sie schon gewartet."

Frank hätte etwas erwidern können, aber er sah Melanie nur an.

Marcel stand auf und ging auf ihn zu.

„Ich merke schon, ich störe. Sie müssen mir nachher erzählen, wie es gelaufen ist." Dabei löste er sanft Franks Hand von der Türklinke und nahm sie seinerseits in die Hand. Für einen kurzen Augenblick sahen sie sich an, bevor Marcel Franks Blick mitzog auf die Hauptperson im Raum. Ein Kopfnicken und sie waren sich selbst überlassen.

„Willst du die ganze Zeit dort stehen bleiben?"

„Vielleicht will ich das ja."

Sie schüttelte den Kopf. „Ich dachte du hättest mir vielleicht etwas zu sagen." Frank schwieg, nachdenken, Worte wählen, selber wissen was man wollte, das ging nicht so schnell.

Sie stand auf, machte zwei Schritte auf ihn zu. „Nun?" Sie blickte ihn ernst an. Er schwieg noch immer. „Ich hätte nicht kommen sollen."

Sie ging weiter in seine Richtung, der Türe entgegen. Erst sein Griff an ihren Oberarm ließ sie stoppen.

„Geh nicht." Sie schaute auf, drehte sich von ihm weg und seine Hand baumelte ins Leere. Sie zeigte ihm den Rücken, wappnete sich mit ihren Armen, die sie vor ihrer Brust verschränkte.

„Nenn mir nur einen Grund, warum ich nicht gehen sollte."

Der steinerne Mann betrachtete ihre Figur, folgte dem Schatten, den sie warf.

Ihr Umriss endete vor seinen Füßen und er betrat ihn.

„Weil ich dich liebe."

Er hatte die Worte gefunden, den Anfang gemacht, sich bloßgestellt.

Sie erbebte, schluchzte und warf sich ihm um den Hals. Diese Worte, sie hörte sie zum ersten Mal aus seinem Mund.

Er legte seine Arme um sie, hielt sie fest in ihrem Schmerz und ihrer Freude.

Da sah er es, er stand auf der Kommode und schaute ihm zu. Das Foto aus dem Zimmer des Toten, es hatte eine neue Heimat gefunden.

Der gute Mann war wieder da.

Endlich konnte er sich wieder aufrichten und sein Rücken quittierte seine Narrheit mit neuen Schmerzen. Das Schlüsselloch hatte seinen Zweck erfüllt und er war glücklich über diesen Ausgang. Er hatte ihn nicht falsch eingeschätzt. Diesmal war er siegreich und er machte sich auf, seinen Wetteinsatz einzufordern.

Als er zurückkam waren sie weg und er holte das Foto aus dem Rahmen und legte es in seine Schublade. Bevor er sich auszog überprüfte er den Teppich und sein Bett auf verräterische Spuren, aber er wurde enttäuscht.

Kopfschüttelnd verschwand er ins Bad.

– Die Jugend ist auch nicht mehr das was sie mal war.

IX.

Verwirrt aber glücklich war er am nächsten Morgen und es fiel ihm schwer sich zu lösen. Sanft strich er über ihren nackten Rücken, ganz versunken in die bloße Berührung. Sie quittierte es mit einem leisen Grummeln aus der Traumwelt. Gern wäre er bei ihr geblieben, aber es gab noch einiges zu erfahren. So verabschiedeten sich seine Lippen von ihr und lautlos verließ er einen glücklichen Ort.

Im Auto drehte er die Musik leiser, er brauchte Ruhe sich selbst zu hören.

– Er hat mich zu einem Spielball gemacht und ich bin nicht einmal wütend.

Warum habe ich mir das alles gefallen lassen von dem Alten? Warum mischt er sich in mein Leben? Aber ich schulde ihm was, ich weiß nicht warum, aber es ist so. –

In der Seitenstraße fand er endlich einen Parkplatz. Eine halbe Stunde zu spät, das würde wieder Ärger geben. Aber es war ihm egal, heute war ihm alles egal. Er passierte den Hausmeister und wollte gerade, mit erhobener Hand, an ihm vorbei eilen, als dieser ihm zurief: „Halt, warten Sie einmal. Sie sind heute mir zugeteilt. Wir müssen die Hecke und die Büsche zuschneiden, da brauch ich Ihre Hilfe."

An jedem anderen Tag hätte er einen Luftsprung gemacht, nicht in das Haus zu müssen, nicht den penetranten Geruch der Alten in der Nase zu haben, einen Tag in freier Natur zu verbringen, aber heute war er irgendwie enttäuscht.

Der Durst nach neuem Wissen, hier draußen konnte er nicht gestillt werden.

Aber alles Lamentieren half nichts, er musste sich in sein Schicksal ergeben. Widerwillig ging er zum angrenzenden Schuppen, kramte nach passenden Arbeitsmantel und Handschuhen.

Zurückgekehrt aus dem Heim der Spinnen wurde seine letzte Aussicht auf etwas Spaß am heutigen Tag zunichte gemacht. Er durfte die elektrische Säge nicht bedienen und das ihm, dessen hauseigene Videothek sämtliche Teile der „Armee der Finsternis" beinhaltet. Abgespeist wurde er, abgespeist mit einer lausigen Gartenschere und dem klugen Ratschlag, dort drüben zu beginnen.

Der Hausmeister überging sein miesepetriges Gesicht mit einem Schulterzucken, nachdem er ihm die Gartenschere übergeben hatte. Am oberen Ende der Leiter angelangt, startete er die Säge und mit einem lüsternen Blick begann er die Hecke zu malträtieren. Jetzt war sich Frank sicher, er kannte die Filme auch.

Nach wenigen Metern auf dem feuchten Gras begannen seine Turnschuhe zu durchweichen. Er war immer noch sauer und diese Energie musste raus.

Die ungeliebte Gartenschere erreichte nie gekannte Beschleunigungswerte und erst ein deplatzierter Baum beendete ihren Freiflug und lenkte sie hinein in das Dunkel des Dickichts.

Jetzt war er wirklich sauer, laut fluchend, auf allen Vieren robbend suchte er nach ihr. Die Dornen des Gestrüpps drangen durch seine Handschuhe und der Schmerz machte ihn rasend. Bevor er die Schere endlich wieder fand, hatte er die Hälfte des Gebüschs bereits mit seinen bloßen Händen herausgerissen. Geschafft von solcherlei Mühsal ließ er sich an einem Baumstamm niedersinken, bevor er langsam die Handschuhe auszog und seine Hände begutachtete, begleitet durch ein gepresstes: „Aaah."

Die Dornen hatten ganze Arbeit geleistet, seine Handflächen waren übersät mit roten, blutenden Punkten.

– Welcher Schmerz ist wohl leichter zu verkraften, der von innen oder der von außen? –, dachte er bei sich.

Er sah auf, er hatte wieder das Gefühl nicht allein zu sein.

Tatsächlich sah er jemanden, im ersten Stock, am dritten Fenster von links, saß jemand am Fenster und ohne zu wissen warum wendete er seine Handflächen ihm zu, aber sein Beobachter zeigte ihm keine Reaktion. Er wollte kein Mitleid, keine Hilfe, er wollte nur, dass sein Gegenüber alles sah.

Kurz darauf bekam er dann doch noch Hilfe.

„Frank", und etwas lauter: „Frank, komm doch kurz her."

Sonja stand auf der Terrasse und sah zu ihm herüber. Er erhob sich langsam und ließ seine Handschuhe neben sich liegen. Jetzt war auch sein Hosenboden durchnässt und er fühlte sich wie ein kleiner Junge, der er einst war.

Sonja musste bei seinem Anblick lachen, aber er nahm es ihr nicht übel.

„Ich glaube, jetzt brauchst du auch eine Windel. Zeig mir mal deine Hände."

Widerstrebend streckte er sie ihr entgegen und gestattete ihr, mit der Wundversorgung zu beginnen.

„Wer ist der Mann am Fenster?" Sonja blickte bei dieser Frage nicht auf, ihr gefiel es, seine schlanken Hände zu berühren.

„Mann am Fenster? Ach so, ich glaube du meinst Ferdinand."

„Sitzt er immer allein dort oben?"

„Meistens ja, aber ab und an hat er auch Gesellschaft und jetzt halt still."

Frank biss die Zähne zusammen, dieses verfluchte Jod tat höllisch weh.

„Du sollst nachher noch beim Paten vorbeischauen."

„Du meinst bei Marcel?"

„Ja, aber der Pate klingt doch viel romantischer." Dabei zwinkerte sie ihm verheißungsvoll zu. „So, fertig und jetzt ran an die Arbeit, damit du heute noch fertig wirst."

Er klopfte dreimal an seiner Tür und war gerade im Begriff weiterzugehen als er hereingebeten wurde. Die Gesellschaft die er suchte, er fürchtete sie auch. Nicht jede Veränderung war ihm willkommen, aber er wusste um ihre grundlegende Notwendigkeit. Für ihn stand viel auf dem Spiel, da war jede Hilfe willkommen.

Nur zögerlich gewöhnten sich Franks Augen, nach dem Eintreten, an das herrschende Halbdunkel im Zimmer.

„Sie sind spät dran, haben Sie den Kampf gegen die Schattengewächse wenigstens gewonnen?"

„Ja letztendlich schon, aber ich habe mit meinem Blut gezahlt."

Ihm gefiel die dramatische Endung seines Satzes. So langsam fand er richtig Gefallen an dem, was er als Spiel empfand.

Marcel räusperte sich vergnügt, bevor er erwiderte: „Manch einer hat schon einen höheren Preis entrichtet. Aber kommen Sie doch näher und setzen Sie sich."

Frank nahm an seiner Seite Platz und bemühte sich, Marcels Körperhaltung zu imitieren. Draußen gewann die Dunkelheit die Oberhand, ein Gewitter stand kurz davor loszubrechen. Die Windböen pressten heftig gegen das Fenster und ließen sie unter dem Druck knarzen. Marcels Augen leuchteten bei dem heraufziehenden Sturm, jetzt fühlte er sich richtig lebendig.

„Nun, was hat Ihnen Sophia gesagt?" Diese Frage hatte er erwartet.

„Mir nichts, sie hat gebetet und dabei um Verzeihung gebeten."

Marcel nickte, bevor es weiterging.

„Fiel es Ihnen schwer, das Zuhören?"

„Nein, es war, wie soll ich sagen, einfach da."

„So wie Sie da waren. Werden Sie in Zukunft auch für Ihre Freundin da sein?"

Marcel hatte den Kopf gedreht und sah ihn an.

Frank wich ihm aus. – Das stand ihm nicht zu, das stand ihm wirklich nicht zu. – Aber es verlangte eine Antwort. Auf einmal fühlte er sich klein unter der fremden Autorität, aber er reagierte nicht wie gewohnt.

„Ja, ich verspreche es Ihnen." Marcel schüttelte den Kopf.

„Nicht mir, dir selbst oder niemanden."

Frank hob seinen Kopf und ließ ihn wieder sinken, zweimal als stumme Antwort.

„Gut, dann wäre nur noch eins." Marcel streckte ihm seine Hand entgegen.

„Ich bin Marcel, der Pate." Frank ergriff sie und er stellte fest, dass mehr Kraft darin steckte als er dachte.

Die Scheibenwischer wogten hin und her, verzweifelt versuchend, ihrem Herrn die Sicht freizugeben. Die Wassermassen honorierten solcherlei Anstrengung nicht und er musste sein Tempo erneut drosseln. Dabei hatte er es eilig, er hatte ein Date mit ihr und seinen Freunden. Vor zwei Tagen hätte er diese Eile nicht gekannt, aber jetzt kam ihm jede kleine Enttäuschung wie ein Verrat an ihr vor. Ihn hatte es wirklich furchtbar erwischt und er fragte sich, wie er das so lange hatte ignorieren können.

Nur eins beschäftigte ihn, was hatten Marcel und Melanie miteinander gesprochen? Über ihn, über seine Fehler, über ihre Beziehung, oder über was sonst? Aber im Endeffekt war es ihm egal, Marcel hatte gesagt er würde es erfahren wenn es so weit wäre und er vertraute ihm, vielleicht mehr als sich selbst.

Er fuhr so nah wie möglich an das Haus heran, bevor er es bei ihr dreimal läuten ließ. Aber selbst die wenigen Meter reichten aus ihre Frisur zu ruinieren, bevor sie in das Auto hechten konnte. Dort herrschte Stille, die Stille der Zweisamkeit, in der er eine dunkle Strähne ihres Haares durch seine Finger gleiten ließ, ein Kuss jedes Wort einer Begrüßung enthielt und leise Stimmen den Lärm der Welt vergessen machten.

„Du siehst gut aus." „Du machst dich über mich lustig, ich sehe aus wie ein begossener Pudel." Dabei zupfte sie an ihren Strähnen.

„Ich steh auf Pudel." Bei diesen Worten kam er ihr ganz nah und schleckte mit seiner Zunge über ihre Wange. „Wuff, wuff!"

Sie stieß ihn weg und begann zu kichern. „Fahr zu, du Pinscher, bevor der Film ohne uns anfängt." Frank heulte vergnügt auf und mit ihm der Motor.

Während der Fahrt strich sie mit ihren Fingernägeln seinen Nacken entlang und er versank in ihre Berührung.

Vor der Wohnung angelangt hörten sie schon die Stimmen ihrer Freunde. Doch bevor sie klingeln konnte zog er sie zur Seite. Eine Unverschämtheit erwartend, setzte sie ihre Hände an seine Brust und versuchte ihn wegzudrücken. Aber seine Worte ließen ihren Widerstand zusammenbrechen. „Ich liebe dich." Flüsternd und doch ein Schrei.

Sie hatte ihre Fassung immer noch nicht gefunden, als die Tür aufging und Frank sie mit hereinzog. Bei aller verspürenden Freude, die sie auf Wolken wandeln ließ, fürchtete sie den Fluch, der stets mit einem erfüllten Traum einherging. Das Aufwachen am Morgen, das Verblassen der Erinnerung, sie kannte viele Beispiele dafür, aber sie war entschlossen zu genießen solange ihr Glück andauerte.

Im Wohnzimmer begrüßten sie die anderen, tauschten Floskeln aus und holten sich ihre Getränke, bevor sie sich in ihre „Partnerecke" zurückzogen.

Während des Films trafen sie einige neidische Blicke aus den anderen Ecken.

Die Aura die sie umgab, sie war für jeden sichtbar, wenn auch nicht verständlich. Die meisten im Raum hätte es nicht verwundert, wenn Frank mit einer anderen gekommen wäre, das war schon einmal der Fall. Aber die heutige Demonstration ihrer Harmonie löste nicht nur positive Gefühle in ihnen aus.

Neid und Missgunst kamen zum Vorschein, versteckt in Blicken und harmlos erscheinenden Bemerkungen, die zielgerichteter hätten nicht sein können.

Doch das hörten sie alles nicht, sie waren hier und die anderen dort, weiter hätten sie nicht weg sein können. Der Abend zog an ihnen vorbei und sie bedauerten sein Ende nicht.

Im Heim wurde auch die Zweisamkeit gesucht, aber es herrschte wenig Liebe.

Ferdinand legte seine Hände auf die Reifen, ganz Ausdruck seiner ungeliebten Mobilität. Marcel trat näher heran, den Rollstuhl zu berühren wagte er nicht, das hätte Ferdinand als Mitleid deuten können. Er begnügte sich damit neben ihm zu stehen und in das regenerfüllte Dunkel zu blicken.

„Bist du gekommen um deinen Wetteinsatz zu fordern?"

„Nein, das hat keine Eile, du läufst mir schon nicht weg."

Ein Lächeln huschte über Ferdinands Gesicht. Marcel sah zu ihm herab und sein Finger deutete Richtung Fenster. Ferdinand nickte und Marcel ließ die kalte Abendluft hineinströmen.

„Haben wir einen neuen Verbündeten?"

„Ja wahrscheinlich, ich werde morgen mit ihm reden und unsere Theorie präsentieren." Marcel wählte seine Worte mit Bedacht, ein „mehr als das" lag ihm bei Ferdinands Frage auf der Zunge.

„Setze trotzdem nicht zu viele Erwartungen in ihn, du weißt doch um die Wankelmütigkeit der Jugend."

Marcel nickte. „Ja, aber darin und in ihrer Offenheit liegt unsere Chance. Was spricht denn dagegen, unser Leben zu erleichtern? Wir erschweren ja seins nicht."

„Bist du dir da sicher? Du gehst davon aus, dass du den richtigen Weg kennst, aber ist das auch sein Weg?"

Marcel antwortete nicht gleich. Brauchte seine Manipulation eine moralische Grundlage, oder war sie beinhaltet, als eine der allgegenwärtigen Beständigkeit in unserem Leben? Konnte er seine Verantwortung abschieben in Franks freien Willen? Nichts und alles passte irgendwie und so entschied er sich für das, was seine Persönlichkeit ausmachte, die eigene Erfahrung.

„Unabhängig der Zeit in der wir leben sind wir uns sehr ähnlich. Ich möchte ihn einfach nicht die gleichen Fehler machen sehen."

„Achte nur darauf, dass du nicht neue Fehler machst um alte zu beheben, sofern das überhaupt möglich ist."

„Ja, ich werde es versuchen, aber jeder muss seine Entscheidungen treffen und ich möchte ihm dafür das richtige Rüstzeug in die Hand geben."

Ferdinand faltete seine Hände, wieder spürte er die Eifersucht in ihm aufkommen. Ein Gefühl das wuchs, da er es nicht nach außen ließ.

„Hast du schon mit Hektor über ihn gesprochen?" Diese Frage überraschte Marcel. Ferdinand hatte nie Interesse für jemanden gezeigt.

„Nein, aber das werde ich noch." Eine Lüge, aber er wollte ihm nicht neue Munition liefern für seine Sticheleien. Einem überzeugten Soldaten einen Kriegsdienstverweigerer ans Herz zu legen hielt er für keine gute Idee. Ein paar Andeutungen in die richtige Richtung, das war für ihn das höchste der Gefühle.

Der Regen schwoll erneut an und sie konnten den Aufschlag der Tropfen hören.

„So wird alles seinen Lauf nehmen." Ferdinands Worte gingen dabei fast unter. Vielleicht hatte er auch nur mit sich selbst gesprochen, denn Marcel ging darauf nicht ein. Seine nächsten verlangten jedoch eine Antwort.

„Wirst du mich zu einem Bestandteil seiner Reise machen?"

Marcel sah auf ihn herab und verschob seine Verantwortung in das Reich der Unwirklichkeit.

„Möchtest du das?"

„Nein, ich möchte kein Leben mehr berühren."

„Dann soll es so sein." Dabei legte er die Hand auf seine Schulter und übte einen sanften Druck aus, die Last konnte er dadurch nicht spüren. Im Anschluss schloss er das Fenster und dabei seine Augen. Es fiel ihm nicht leicht, aber sein nächster Schritt musste ein Abschied sein.

Marcel sah aus seinem Buch auf. „Du kommst spät."

„Tut mir Leid, es ging nicht schneller." Frank atmete schwer, er hatte mehrere Stufen auf einmal genommen. Jetzt stand er erwartungsvoll da.

Marcel vertiefte sich wieder in sein Buch. „Ich wollte dich fragen, ob du Lust hast mich zu begleiten?"

Frank hatte mit der Fortsetzung des Spiels gerechnet. „Ich müsste mir nur noch schnell die Hände waschen, darf ich?" Er deutete Richtung Badezimmer.

„Natürlich."

Er drehte den Wasserhahn auf und setzte alles daran, den Geruch von Bratenfett loszuwerden. Noch immer waren seine Handflächen mit roten Punkten übersät, aber allein die Erinnerung daran erfüllte ihn mit Stolz.

Frank kam aus dem Badezimmer. „Darf ich dich mal was fragen?"

Er wartete die Erlaubnis nicht ab. „Warum stehen bei dir sonst keine Fotos rum?" Die liebste Antwort wäre ihm ein kleines Lob gewesen, aber nein.

Marcels Sichtfeld wurde weit, seine Stimme schwermütig, nicht zum ersten Mal hörte er das.

„Manche Bilder lassen sich nicht in Fotografien einsperren. So einfach wird man sie nicht los."

Frank runzelte die Stirn, das war seiner Meinung nach keine Antwort und vor allem nicht die erwartete, aber er beließ es dabei. „Ich bin fertig, wohin soll die Reise gehen?" Ein letztes Mal knetete er das Handtuch durch und warf es anschließend mit einem Dreipunktewurf in das Waschbecken.

„Sehr nah und doch so fern. Öffne bitte die untere Schranktüre neben dir und hole die Plastiktüte heraus. Dann können wir starten."

Marcel erhob sich und zog seine Weste an, während Frank die Tüte zum Vorschein brachte. „Da ist ja eine Flasche Rotwein drin."

„Ja, gut erkannt." „Aber im Heim ist doch jeglicher Alkohol verboten."

Marcel lachte amüsiert auf. „Ich bin 70 Jahre alt, ich brauche keine Vorschriften im Umgang mit Alkohol." Und im selben amüsanten Tonfall: „Oder brauchst du welche?" Frank stockte, ging das Spiel weiter oder hatte es eine Auszeit, aber in ihm reifte eine Überzeugung.

„Nein, ich brauche auch keine." Hier brach er den Satz ab. Marcel musterte ihn kurz in seiner Verwirrung und nickte dann stumm.

„Also, andiamo. Alte Freunde soll man nicht warten lassen." Marcel legte auf einmal ein hohes Tempo vor. „Verrat mir nur wohin wir gehen."

„Nur ein paar Zimmer weiter, auf ein kleines Picknick." Jetzt musterte er den Tüteninhalt genauer, in seiner ersten Bestürzung hatte er die Salami und das Weißbrot übersehen. Dabei schob ihn Marcel sanft aus dem Zimmer. „Dass die Jugend immer so die Zeit verschwendet."

Sie gingen wirklich nicht weit, aber für Frank anscheinend doch zu weit. Mit einem Ruck hielt er in seiner Bewegung inne.

„Was, in dieses Zimmer willst du rein?"

Marcel ließ die Hand wieder sinken, er wollte gerade klopfen.

„Ja warum, wo liegt das Problem?" Franks Stimme wurde lauter, er versuchte seinen Worten Bestimmtheit zu geben.

„Weil da drin", er deutete mit ausgestrecktem Finger in Richtung Türe, „ein Wahnsinniger wohnt. Dieser Typ schreit umeinander, tobt umher und redet mit Leuten die es gar nicht gibt. Marcel, glaub mir, der hat sie nicht alle."

Marcel ließ den Wortschwall nickend über sich ergehen, bis zum Ende. Dann schreckte er kurz auf, neigte seinen Kopf ein wenig zur Seite und führte eine Hand zu seinem rechten Ohr. „Was, was sagst du Harry, er soll sich nicht so anstellen?" „Ja, das finde ich auch, aber gib ihm noch etwas Zeit, er lernt es auch noch schätzen."

Bei dem Auftritt konnte sich Frank nur an die Stirn klatschen und langsam wanderte danach seine Hand über sein Gesicht.

– Womit habe ich das verdient. –

Beim erneuten Anlauf zum Klopfen wurde er nicht unterbrochen, aber er behielt ihn im Auge und Frank die Tür, während er die Rotweinflasche am Hals ergriff.

– Komm nur, du Irrer, greif mich an und ich zieh dir einen Scheitel. –

Noch hatte er die Hoffnung nicht aufgegeben, sich mit seinen Waffen zu erwehren.

„Ah Marcel, wie schön, dass du bist gekommen. Aber wer ist diese Mann?"

„Ciao Roberto, das ist Frank, er ist gekommen zu hören etwas über Adriano."

Franks Griff wurde lockerer, er verstand nicht, was das Theater sollte. Er war sich nur sicher, ein Teil einer Aufführung zu sein.

„Ah Adriano", seine Worte reisten in die Vergangenheit und mit ihnen der Ballast der Jahre, „es hätte ihn gefreut zu sehen diesen Jungen." Er hätte hierbei gern mehr vermittelt, aber auch Worte haben ihre Grenzen.

„Aber kommen doch näher und setzen, ich hole Gläser."

Frank und Marcel nahmen am Tisch Platz, während der vermeintliche Irre im Badezimmer verschwand.

„Was soll das, warum sprichst du so komisch?" Frank hatte versucht seine Unsicherheit nicht mit Fragen zu kompensieren, aber es gelang ihm nicht ganz. Jedoch die Antwort half ihm auch nicht fiel.

„Solidarität", und mit einem Plopp hatte Marcel den Rotwein entkorkt, gerade rechtzeitig, um die überreichten Zahnputzbecher zu füllen.

Roberto setzte sich Frank gegenüber und während Roberto seinen Stuhl zum Tisch hinrutschte, legte Frank unwillkürlich den Rückwärtsgang ein. Nur ein scharfer Blick Marcels ließ ihn in seiner Ausführung stoppen.

Auch Roberto nahm nun Platz und seine fülligen, grau melierten Haare, die ihn wie eine Krone umgaben, machten den Herrschaftsanspruch geltend, den er als Gastgeber inne hatte. Seine Hände und Unterarme bildeten auf dem Tisch ein Dreieck, dessen Spitze Richtung unbekannten Gast deutete. Und seine Frage ging in dieselbe. „Woher du kennst Adriano?"

Franks Mund öffnete sich unwillkürlich ein Stück und die einzige Hilfe, die er von seinem Nebenmann bekam war eine rollende Handbewegung, die ihn zum Weitermachen aufforderte.

„Ich, ich kenne Adriano nicht, ich habe nur von ihm gehört."

Und als ob es keine andere Antwort hätte geben können, lehnte sich Roberto zurück und nickte befriedigt mit dem Kopf.

„Ja, ein jeder schon einmal gehört von Adriano. Darauf wir wollen trinken, Salute!"

Sie stießen die Becher zusammen und ließen den Wein in ihre Kehlen laufen. Frank musste sich beherrschen nicht zu gurgeln, so deutlich trat der Zahnpastageschmack in den Vordergrund. Aber bereits nach dem zweiten Becher und einigen Scheiben Salami hatte er sich an alles gewöhnt und er genoss Robertos italienischen Akzent, der ihn bekannt machte mit einem Mann, den er nie kennen lernen würde.

„Adriano, Adriano, war eine große Mann. Er hatte Augen wie Falke am Himmel, Gehör wie Luchs und war stark wie Bär.

Einmal er ist gegangen auf den höchsten Berg den ich je gekannt. Drei Tag er ist nicht gekommen zurück und jeder sagen, Adriano bleibt für immer dort oben. Aber am vierten Tag er stand vor uns und alle haben ihn gefragt, warum hast du das getan. Und er sagen nur, weil ich nicht gewusst was dort ist, dort oben. Und ab da, niemand hat mehr gewagt zu gehen auf diese Berg und falls doch einer wissen wollte wie es ist dort oben, er hat gefragt Adriano."

Sie nickten wissend, denn auch Frank hatte es verstanden zum Publikum zu werden und wurde mit seinem dritten Becher Chianti belohnt. Dem eine erneute Huldigung einer Großtat Adrianos folgte.

„Ah, Adriano hatte viele Frauen, aber nur eine, nur eine hat er geliebt."

Bei diesem Satz lief es Marcel kalt den Rücken runter, aber der Erzähler setzte sofort wieder ein.

„Er hat gebaut eine Haus, in eine Jahr, alleine, nur mit seine Hände und es steht noch heute an dieselbe Platz."

Robertos Tonfall schwappte hierbei auf und ab, so sehr war er bemüht seine Figur lebendig werden zu lassen. Ein Anliegen, das er jetzt mit Frank teilte. Dieser hatte dabei seine strikte Grenze zwischen Fiktion und Wirklichkeit beiseite schieben müssen, sie hätte ihm hier nichts genützt, sofern sie überhaupt von Nutzen war, in einem Land, in dem Glauben die einzig geduldete Bühne ist. Er versuchte eine sanfte Annäherung, die gelang solange er schwieg und zuhörte, denn hier war er nur Gast.

Marcel war stolz auf ihn, ein weiteres Mal hatte er sich selbst überwunden.

Er war sich jetzt sicher, auch wenn Frank manche Dinge nie verstehen würde, lernte er jedoch, sie mit Respekt zu behandeln.

So verharrten sie noch lange Zeit in dem Zimmer des Irren und ließen sich entführen in eine Welt, die es nicht gibt.

Am Boden der zweiten Flasche angelangt beharrte Marcel auf den Aufbruch, er kannte das Ursache-Wirkungsprinzip nur zu gut. Frank folgte seinem Bestreben mit Wehmut, ihm war als müsste er ein Geschenk zurückgeben. Was natürlich Unsinn war, das wusste er selbst, aber bis zur Sinnsuche war er noch nicht gekommen.

Aus dem Haus sollte er heute auch nicht mehr kommen, denn Marcels offene Hand verlangte nach seinem Autoschlüssel. Er gab ihn widerstrebend, von sich aus wäre er noch gefahren. Sicher, er hätte mit den öffentlichen Verkehrsmitteln fahren können, aber insgeheim befürchtete er einen Teil seiner Reise auszulassen. Zumindest hatte er noch sein Handy und aus diesem Haus durfte er mehr als einen Anruf machen, wobei seine sanfte Stimme nicht nur seinen Gesprächspartner am anderen Ende mit Freude erfüllte.

Nach dem Gespräch wiegte er sein Telefon, wobei er mit seinen Daumen über das Display strich, das vor kurzem ihren Namen füllte. Er war jetzt müde, einsam und trotz allem eine Spur euphorisch. Ein paar Antworten noch, dann hatte er für heute genug.

„Marcel?"

„Ja?", er zog seinen Pyjama aus der Schublade.

„Gibt es Zufälle im Leben?" Eine Frage, die jedes Leben schreibt.

Marcels Stimme erhielt wieder ihren melancholischen Unterton, wie immer, wenn er über das Leben sprach.

„Ich weiß es nicht Frank, aber das weiß keiner, noch nicht einmal Adriano."

Ihr Lachen durchbrach die Nachtruhe, aber Frank wollte weiter, auch wenn er die nächste Frage als unsinnig empfand.

„Kennst du Adriano?" Marcels Lachen ebbte ab, seine Worte zeugten von unausgesprochenem Ernst.

„Nein, aber auch ich habe von ihm gehört.

Weißt du Frank, es gibt Dinge, die kann man nur beurteilen wenn man sich selbst kennt und selbst dann ist es noch sehr schwer."

„Mm", Frank tauchte hinab, „lohnt es sich, die anderen zu verstehen?"

Marcel nickte langsam und freute sich über dieses Frage, wie über keine Frage zuvor. „Ja, du lernst über die anderen, aber noch mehr über dich selbst. In gewisser Weise ist das der Schlüssel zum Glück."

Dann dauerte es ein paar Sekunden. „Ich glaub ich verstehe allmählich, Marcel."

Dieser lächelte dabei und begutachtete mit der Hand seine emporsteigenden Bartstoppeln, während er in der anderen seinen zusammengelegten Pyjama hielt. „Dann ist es genug für heute." Und machte Anstalten sein Zimmer zu verlassen. „Eins noch Marcel, was hat es auf sich mit der Verschwörungstheorie?" Dieser hielt kurz inne und wendete sich Frank zu.

„Für die einen ist das alles Theorie, für die anderen bitterer Ernst. Ich wollte nur sichtbar machen, wie weit es kommen kann. Und jetzt gute Nacht."
Damit ließ er ihn zurück, um Jahre älter.

Frank lag noch eine Weile wach im Bett. Er war beschäftigt, ordnen und verstehen, verstehen und ordnen. Seine Neugierde hatte ihn weit gebracht und er überlegte ob es ein Ziel gab, einen Punkt zu erreichen, eine Formel für sein Leben und ob Marcel sie ihm geben würde. Er hatte die Abgründe bei Marcel gespürt und er fragte sich, ob das Leben auch seine topographische Landkarte in ihm hinterlassen würde. Er fragte sich ob es das geben konnte, ein Leben ohne Schmerz und er fürchtete sich um die Antwort. Wie er die Antwort fürchtete, die er Melanie eines Tages zu geben hatte.

In seinem ganzen freudlosen Grübeln hatte er lange nicht den Brand gespürt, der in seinem Rachen tobte. Jetzt aber schon und deswegen stand er auf und zog sich Jeans und T-Shirt an, um einen Abstecher in die Küche zu unternehmen. An Schlafen war in diesem Haus sowieso nicht zu denken, so wie es auf ihm lastete.

Mit tippelnden Schritten, aus Angst vor unerwünschtem Lärm, strebte er dem Ende seiner körperlichen Qual entgegen. Wobei er auf seinem Weg einige Male kurz inne hielt, denn ihm war als hörte er Musik.

Die Unwissenheit seines Glaubens verließ ihn, als er den Lichtschein sah, der durch die Türspalte der Küchentür drang. Jetzt war die Musik deutlich zu hören, obwohl es Musik war, die ihre volle Wirkung durch den leisen Genuss entfaltete.

Ganz der neugierige Junge der stets in ihm lauerte, öffnete er die Tür einen Spalt, so leise wie es ihm denn möglich war. Und er war geübt darin, die beiden Akteure ließen keine Störung ihrer Handlung erkennen.

Er sah Marcel und Sonja, die sich im gemeinsamen Takt umeinander und füreinander drehten. Wobei Sonja, der Elefant der so gerne ein Schmetterling sein wollte, die Augen geschlossen hatte und vielen anderen die Führung bei diesem Tanz überließ. Die Erfüllung ihrer Sehnsucht, in ihrer Fantasie gelang es.

Auch Frank wusste das, in dem Moment als er die beiden sah. Denn er hatte Sonja kennen gelernt, sie und ihre Taschenbücher, welche sie stets begleiteten. Bücher, deren Titel „Brennende Leidenschaft", „Liebe bis zum Tod", oder „Wunsch zur Liebe" lauteten, und für ihre Besitzerin keine Zerstreuung, sondern nur neue Sehnsucht auslösten.

Deshalb zog er sich zurück, er wollte ihr kurzes Glück nicht gefährden. Doch auf dem Rückweg in Marcels Zimmer versetzte er sich in sie hinein und schrieb in Gedanken, was Sonja in ihrem Wachtraum wohl zu erleben wünschte.

„Die Hände des älteren Mannes griffen um ihre zierlichen Hüften. Der Duft seines Aftershaves berauschte sie erneut, wie damals bei ihrer ersten Begegnung, als sie noch das junge Mädchen war, das sich fürchterlich in ihn verliebte. Jetzt war sie schon eine reife Frau, aber die Unendlichkeit dieses Gefühls überdauerte die Zeit. Sie war jetzt bereit zu empfangen, ja, sie wünschte es sich, unabhängig der Größe des Altersunterschiedes.

Die Jahre und ihre Erfahrungen mit anderen Männern hatten sie zu einer Frau gemacht, die wusste was sie wollte und die sich das auch holte.

So kam sie ihm noch näher und ihr Bu…"

Hier stoppte Frank und ermahnte sich und seine Vorstellungskraft.

– Die beiden und Sex, nur mal nicht übertreiben. Schließlich ist er schon 70 und sie, na ja. –

Mit dieser Überlegung ging er ins Bett und wie er so nachdachte musste er feststellen, dass sogar Marcels Bett für ihn zu groß war. Aber weiter führte er diesen Gedanken nicht aus, denn seine Neugier erwachte zu neuem Leben und klopfte heftig an seine Tür. Schließlich konnte es kein Zufall sein, dass Marcel ihn hier schlafen ließ. Er hatte schon erlebt wie Marcel etwas Fragwürdiges tat, berechtigt nur durch seine eigene Rechtfertigung. So machte er sich auf, die ungewohnte Umgebung nach neuen Wissensansätzen zu durchsuchen und das ganz ohne schlechtes Gewissen. Er erwartete, ja er hoffte regelrecht Fotos zu finden, Briefe, aber das was dem allen am nächsten kam, segelte, getragen durch unbekannte Kräfte, in seinen Schoß, nachdem er es aus seinem Hort befreite.

Die Postkarte, jetzt hielt er sie in der Hand, und er versuchte zu begreifen, in einer fremden Sprache. Natürlich gelang es ihm nicht, aber aufgeben, das wollte er auch nicht. So lernte er, in der Hoffnung auf späteres Verständnis und wiederholte die Worte, bis der Schlaf ihn übermannte.

Am nächsten Morgen wurde er von ihm geweckt, sanft aber bestimmt.

„Guten Morgen, ich hoffe, du hast gut geschlafen?"

Das hatte er nicht, aber sobald er seine Dusligkeit abgeschüttelt hatte, ging es weiter.

„Ja, einigermaßen. Wo hast du denn geschlafen?" Auf diese Antwort war er richtig neugierig, er hoffte nur, sie würde ihm gefallen. Denn von sich auf andere schließen, diesen Fehler machte er noch und wahrscheinlich würde er ihn auch beibehalten. Denn dieser Fehler war Teil seiner Persönlichkeit.

„Im Zimmer des guten Mannes." Gut, dachte sich Frank, bevor er erneut ansetzte.

„Hat denn dieser Mann keinen richtigen Namen?"

„Gib du ihm doch einen." Wobei Marcel zum ersten Lächeln an diesem Morgen ansetzte und Frank sich erneut rückwärts ins Bett fallen ließ.

„Bekomm ich denn von dir jemals eine vernünftige Antwort?"

Marcel schmunzelte weiterhin. „Was man so hört, kannst du mit Vernunft sowieso nicht viel anfangen."

Frank kniff seine Augen zu Schlitzen zusammen, er ahnte worum es ging, die Geschichte im Garten. Aber gleichzeitig beschlich ihn ein anderes, unheimliches Gefühl das Vorrang erhielt und von dem er sich mit leiser Stimme befreien wollte.

„Warst du auch da und hast mich gesehen?"

„Du solltest doch mittlerweile wissen, dass ich meine Augen und Ohren überall habe." Und dann mit angepasster Stimme: „Für irgendetwas muss die Verschwörungstheorie doch gut sein. Aber jetzt auf mit dir, du musst mir eine Bitte erfüllen."

Seine Neugier, jetzt überging sie alles. „Worum geht's?"

„Fahr mich bitte zum Krankenhaus, es geht um eine der letzten Stationen."

Eine Anspielung, das war selbst Frank klar, aber genauso klar war es, dass ein Nachbohren nichts einbringen würde. Deshalb legte er eine der Situation angemessene Eile an den Tag, wovon er einfach einmal ausging, dass sie gewünscht wurde. Wobei Marcel von seinem hektischen Treiben in seinem Rücken keine Notiz nahm und stumm zum Fenster hinaussah.

Weit kam er aber mit seinen Überlegungen nicht, sofern er überhaupt welche angestellt hatte, denn nach weniger als fünf Minuten signalisierte Frank mit den Worten: „So, wir können", seine Abfahrtbereitschaft.

Beim Anfahren ließ Frank die Reifen etwas durchdrehen, gespannt auf die Reaktion seines Beifahrers, doch dieser ging darauf nicht ein. Er war nämlich auf der Suche, auf der Suche nach einer schwarzen Kurbel, mit der er die noch reine Morgenluft hereinlassen konnte, um seine Atmung zu erleichtern. Denn atmen musste er, nicht nur für sich selbst.

„Probier's mal mit dem Knopf." Ein süffisanter Rat, der Stimmung des Empfängers unangepasst, aber Marcel nahm ihn trotzdem dankend an.

Frank merkte jetzt allmählich, dass er heute irgendwie daneben lag, woraufhin er sich entschied zu schweigen, aber ihn nicht aus den Augen zu lassen, während Marcel seine Hand dem Luftstrom des Fahrtwindes darbot und in ihm unzählige Wellen beschrieb, bevor in ihm eine Überlegung laut wurde.

„Ist es nicht eigenartig dass wir selbst für etwas so Schönes wie dem Fliegen Widerstand brauchen?"

Frank wusste mit diesem Satz nichts anzufangen, er fürchtete nur unbewusst um eine neue, unverstandene Dimension. Aber jetzt war er nicht gefragt, sondern nur seine Rolle als Zuhörer.

„Vielleicht lässt uns erst der Widerstand den wahren Wert erkennen. Es ist nur schade, dass die meisten Widerstände in uns sind."

Marcel legte eine Pause ein, in der er die ein oder andere graue Wolke von seinem Himmel vertrieb.

„Weißt du Frank, manchmal wünschte ich mir ich hätte auch Autofahren gelernt. Aber ich bin auf einer Insel aufgewachsen und die wenigen Autos die es dort gab, hätte man auch nicht gebraucht.

Ich kann mich noch gut erinnern an den Tag, als der Bürgermeister zum ersten Mal mit einem Auto in die Stadt fuhr. Wir Kinder liefen hinterher und schrieen und kreischten und nicht wenig von unserem Dorf standen am Straßenrand und bekreuzigten sich, als sie uns kommen sahen."

In Marcels Stimme mischte sich die Trauer um vergangene Zeiten, während seine Augen auf seiner Hand ruhten, die ein ums andere Mal von der Spitze ins Wellental wogte.

„Es gab damals großen Streit deswegen, doch uns Kindern war das gleich. Wir liefen weiter hinterher und als wir älter wurden und noch mehr Autos kamen, träumten wir davon hinter dem Lenkrad zu sitzen und unbekannten Straßen zu folgen. Ja, und fünf Jahre später fuhr mich der Sohn des Bürgermeisters zur Fähre und mit dem Zug kam ich hierher. In ein Land, von dem ich glaubte, dass ich hier meine Wünsche erfüllen könnte."

Hier stoppte er und holte Luft für eine letzte, abschließende Erkenntnis.

„So wie damals sitze ich jetzt wieder auf einem Beifahrersitz und fahre einem erneuten Ende entgegen."

Frank traute sich kaum zu sprechen, aber die Frage tat sich ihm einfach auf.

„Wolltest du niemals zurück?"

Marcel schloss die Augen und bot dem Luftstrom seinen ganzen Widerstand entgegen, denn er verschloss sich nicht.

„Es gibt keinen Tag, an dem ich nicht dorthin zurückkehre, aber in einem Leben kommt man zu einem Punkt, der eine Umkehr unmöglich macht."

„Das ist Unsinn, reiner Unsinn, es gibt immer eine Möglichkeit, man muss nur danach suchen."

Franks Worte überschlugen sich fast, so schnell versuchte er ihn zu erreichen und zu –, ja was zu –?

Er fürchtete sich, fürchtete um das Ende der Antworten, um die Entzauberung des Alten, die er selbst am Anfang angestrebt hatte. Aber wie sollte es ihm ergehen, wenn schon sein Vorbild an seine Grenzen kommt. Ohne Führung in einem fremden Land, ohne Fußspuren einem fremden Pfad folgen, wer war er denn, dass er das konnte?

Unbeschreiblich froh war er, als Marcel die Augen wieder öffnete und mit festem Blick geradeaus sah und sagte:

„Vielleicht hast du Recht. Aber halt bitte dort drüben, wir sind da."

Er wäre nicht mit reingegangen und Marcel hätte es auch nicht verlangt. Er glaubte sogar, es war ihm nicht recht. Irgendwie schien es, der Abstand, Marcels Abstand begann abzubröckeln je näher sie dem Betonblock kamen. Aber seine Neugier war zu stark, als dass er draußen im Auto warten wollte.

Marcel sagte nichts dazu, er ging voran und Frank zwei Schritte dahinter, als sich die elektrische Schiebetür vor ihnen öffnete und sie ein neues Haus beschritten. Anscheinend kannte Marcel den Weg, denn er fragte nicht, er ging einfach immer weiter dem Ziel entgegen. Fast schien es Frank, er würde allmählich schneller werden, was auch ihm nicht unrecht war.

Der Vorstellung von Leid, wie leicht war es sich zu verschließen, aber nicht hier. Nicht an einem Ort, an dem die eigenen Hände es greifen konnten und nur der Glaube auf Besserung uns Zuflucht gibt. An einem Ort, den niemand ein Heim nennen würde.

Harmlose Schilder begannen sie zu passieren, deren Beschriftungen nichts erahnen ließen, waren sie doch auch nur eine Aneinanderkettung bekannter Buchstaben, und wie im anstehenden Leben lagen Freud und Leid nah beieinander. Der Säuglingsstation folgte die Kinderkrebsstation und Frank zwang sich, auf den Boden zu sehen.

– Nur kein Gesicht sehen, nur kein Gesicht sehen. –

Er wünschte sich Blindheit und Taubheit und doch wusste er um seine Erreichbarkeit. Seine eigene Gesundheit lastete schwer auf seinem Gewissen und er begann eine unaufgelegte Schuld zu spüren. Es war nur gut, dass er nicht wusste, dass Marcel den Weg gewählt hatte. Doch für die nächste Begegnung konnte selbst Marcel nichts.

Ein kleiner Junge lief ihm vor die Füße, blind in seinem Spieltrieb und auf der Flucht vor seinem Verfolger. Erst Franks Oberschenkel bremste ihn in seinem Bewegungsdrang und schuldbewusst richtete er sich auf und entschuldigte sich bei dem Größeren, bevor die herbeigeeilte Schwester es schaffte, mit sanftem Druck seine Schulter festzuhalten.

„Charlie, ich habe dir doch gesagt, du sollst im Gang nicht herumlaufen. Hast du dich schon entschuldigt bei dem Mann?"

Ein heftiges Nicken in die neue Richtung bestätigte ihr das und so ließ sie ihn ziehen in einen Raum voller Kinderbilder.

„Es tut mir Leid, aber so sind Kinder nun einmal."

Frank sah ihm immer noch nach. „Das macht doch nichts", entgegnete er abwesend, denn er hatte eine Ahnung. „Was fehlt Charlie denn?"

„Er heißt eigentlich nicht Charlie, wir nennen ihn nur so wegen der Haare."

Das reichte Frank und mit: „Das tut mir Leid, aber ich muss weiter", eilte er weiter, verzweifelt versucht, Marcel zu erreichen.

Aber er erreichte ihn erst an der Tür, die bereits einen Spalt offen stand, nicht weit genug um einzutreten, aber weit genug für die letztendliche Entscheidung.

Dabei lehnte Marcels Kopf an der Türkante, während seine Lippen Worte der Beruhigung sprachen und seine Hände versuchten, das unschuldige Weiß der Tür nie mehr los zu lassen.

Vor diesem Bild hielt Frank ehrfürchtig Abstand, denn jede Hilfe war hier vergebens.

Dann sah er ihn eintreten, in die Dunkelheit des Raumes und er fürchtete, er käme nie mehr zurück.

Marcel schloss die Tür hinter sich und seine Erregung schüttelte seinen Körper. Er hatte Angst, unbeschreibliche Angst, die sich nicht erklären ließ. Doch diesmal wollte er nicht weglaufen, auch wenn es in ihm danach schrie.

Langsam schaffte er es sich umzudrehen und wieder war es ihr Gesicht das er sah, wie damals, beim ersten Mal.

Sie lag ruhig in ihrem Bett und nur die Maschinen um sie herum waren Beweis für den Funken Leben, der in ihr sein musste. Mit kleinen Schritten trat er heran und suchte Halt an ihrem Bettgestell. Er wusste nicht was er sagen sollte, im Jetzt und Hier, so sehr war er gefangen in diesem Bild.

Sein Atmen passte sich ihrer Maschine an und langsam zitternd wanderte seine Hand über die weißen Berge des Lakens. Eine letzte Berührung, das war sein Wunsch, doch zugleich schauderte er vor dieser Vorstellung.

Was wenn auch er nicht zurückkäme, warum überhaupt, warum nicht neben ihr liegen und mit ihr gehen, über das gegebene Versprechen hinaus.

Einmal hatte er sich falsch entschieden, was, wenn er es jetzt wieder tat?

Gab es denn überhaupt einen Grund weiter zu gehen?

Die Antwort darauf, sie erhielt er, murmelnd und nur schwer verständlich, von einer Hoffnung, die er nie aufgegeben hatte.

„La patria ti aspetta", und wieder: „la patria ti aspetta."

Dabei hatte sie ihre Augen geschlossen, nur seine Präsenz, darum wusste sie.

So wurde sein Griff fester und er war versucht sie zurückzuziehen, aber das lag nicht mehr in seiner Macht. Seine Tränen liefen hinab und als der erste salzige Ausläufer seinen Mund erreichte, kam das „Si".

Damit hatte er die letzte Station erreicht und bei dieser wurde er mit offenen Armen empfangen, im stillem Dank um diese Schicksalswendung.

„Das ist aber nicht der Weg zurück."
Es waren Marcels erste Worte, seit er aus dem Zimmer zurückgekehrt war und Frank ihn zum Auto geführt hatte.
„Wir machen einen kleinen Umweg, damit du auf andere Gedanken kommst."
Marcel nickte und strich sich mit dem Daumen über sein stoppeliges Kinn.
– Um wie viel anders können meine Gedanken noch sein? – überlegte er, während er auf seine Sehkraft verzichtete.
Den letzten Schritt zurück beschloss er vor Frank zu verbergen, zumindestens nicht darüber zu sprechen und er honorierte Franks Schweigen, indem er kurz seine Unterarm ergriff und ein Wort des Dankes an ihn richtete.
Frank war das mehr als unangenehm, er hatte seine stete Einteilung der Menschen die ihn umgaben immer noch nicht aufgegeben.
Ein Mensch zu dem er hinauf sah konnte doch unmöglich zu ihm hinauf sehen und sich bedanken. Entweder man stand über ihm, oder stand über den anderen und seine Freunde suchte man sich am besten auf gleicher Ebene. Das war Franks Überzeugung und daran gab es nichts zu rütteln, egal auf welcher Stufe man stand.
Marcel wackelte durch sein Verhalten jetzt auch noch an diesem Fundament und Frank fragte sich ernsthaft, ob die zweifelsfreie Suche sein Sinn des Lebens sein sollte.
Auf diesen Gedanken beschloss er sich eine anzuzünden, denn was zu viel war, war einfach irgendwann einmal zu viel. Dieser stete Kreis, Zweifel, Überlegung, Erkenntnis, sollte wohl nie zu einem Ende kommen.

Heute konnte er sich wenigstens über etwas absolut sicher sein, Marcel würde niemals Autofahren lernen.
Zwei Stunden waren vergangen seit sie in den abgelegenen Firmenparkplatz einfuhren, zwei Stunden in denen Frank überra-

schend wenig Überredungskunst gebraucht hatte um Marcel auf den Fahrersitz zu bewegen und erste Fahrversuche zu starten.

Aber alle Anstrengung, so war er sich nach diesen zwei Stunden sicher, war bei Marcel vergebens. Gerade einmal zehn Meter hatte er bei seinem besten Versuch geschafft zurückzulegen, zehn Meter, in denen die Karosserie des Autos eine Belastungsprobe sondergleichen durchlitt.

Bei all seinen zahllosen Versuchen gelang es ihm nicht ein einziges Mal, den zweiten Gang einzulegen, ohne danach den Anlasser erneut betätigen zu müssen. Selbst mit dem dankend angenommenen Know-How zweier Berufskraftfahrer, welche zu ihrer Nachtschicht in der Firma eintrudelten, gelang es Marcel nicht, sich die gezeigten Bewegungsabläufe einzuprägen und nachzuahmen.

Es blieb einfach bei den zehn Metern, woran Marcel selbst keinen Anstoß nahm. Vielmehr ging er im Laufe seiner einsetzenden Rennfahrertätigkeit dazu über, das neu Erlebte mit Hochrufen zu kommentieren und sich selbst anzufeuern.

Frank blieb das völlig unverständlich, zumal es sowieso italienisch war und er hin und her gerissen wurde zwischen Marcels ansteckendem Frohsinn und der Sorge um das Auto seines Vaters. Denn selbst der hektisch baumelnde Wunderbaum, Geschmacksrichtung Vanille, schaffte es nicht mehr, den Kupplungs- und Bremsgeruch zu übertünchen.

Der Stein, der von seinem Herzen fiel, als Marcel endlich mit dem Wort „Finito" das Absehbare selbst einsah, wäre sicher weithin hörbar gewesen, hätte Marcel nicht in dem Moment die Autotüre aufgerissen und mit einem lauten Knall hinter sich zugeschlagen.

Alleine im Fahrzeug ließ Frank den Kopf sinken und strich sanft über das Lenkrad. Es war ihm einfach unverständlich, wie ein Mann, der so viel Gefühl für das Leben besaß, so wenig Einsicht für das Autofahren aufbringen konnte.

Bei der Heimfahrt hielt Marcels Hochstimmung an und mit der spielerischen Freude eines Kindes beobachtete er in stiller, aber heftiger Anteilnahme Franks Wirken an seinem vorherigen Platz.

Frank hätte lügen müssen, wenn er gesagt hätte dies sei ihm egal. Im Gegenteil, er genoss es sichtlich und versuchte in jede seiner Bewegungen eine gewisse Anmut zu legen, um sein Publikum nicht zu enttäuschen. Man konnte es ihm auch nicht verübeln, nie zuvor hatte er aufrichtige Bewunderung erfahren, für eine Leistung die er selbst erbracht hatte. Alle Bewunderung und Worte des Lobes kamen seit seiner Kindheit von oben auf ihn herab und zeigten ihm doch nur die Wertlosigkeit seines Handelns auf, unter den Maßstäben der Älteren. Jetzt war das anders und Frank spürte das. Seine selbst erdachte Minderwertigkeit fiel von ihm ab, denn jetzt waren sie Freunde, Frank und Marcel, Marcel und Frank.

So hatten sie erst wenige hundert Meter ihres Heimweges hinter sich gebracht, als er dem stummen Drängen nachgab und ihn beteiligte. Wobei Marcel es verstanden hatte, sich in seiner verspielten Art und Weise von Anfang an einzubringen, sei es lauthals das Motorengeräusch imitierend, oder einen Stepptanz auf der Beifahrerfußmatte aufführend, bei jedem noch so unbedeutenden Gangwechsel. Die Krönung seines Wirkens erhielt er, als Frank seine Hand auf den Schalthebel legte und ihn fortan mit sanftem Nicken zum Gangwechsel aufforderte.

Beglückt von solch neuen Erfahrungen und erlöst von einer alten, legte er Frank zum Abschied die Hand auf die Schulter, ganz der freundliche Alte der er vorgab zu sein und in diesem Moment auch war.

Es folgte Franks Entlassung aus seinem Chauffeursdienst, welche er nutzte um an diesem Nachmittag noch die ein oder andere Besorgung zu erledigen, die sich ihm aufdrängte.

Marcel trug seine gute Stimmung mit hinein und selbst vor Ferdinand unternahm er keinen Versuch sie zu verbergen. Denn jedem, dem er begegnete, fiel es sofort auf, die Leichtigkeit, die ihn umgab, die Leichtigkeit, die nur den Ausblick auf eine Zukunft bringen konnte.

Der Nachmittag verstrich im Heim wie viele andere vor ihm und noch mehr nach ihm. Einzig eine Warnung wurde Marcel zugetragen. Der Anstaltsleiter hatte ein Auge auf ihn und besonders auf Frank geworfen. Er fürchtete wohl um das Schwinden einer Arbeitskraft. Marcel berührte das nicht, er dankte dem Überbringer und im Stillen Gott für das Wissen um den anderen.

Die abendliche Sitzung, der Spitze des Geheimbundes, nahm ihren üblichen Verlauf, nur die Stimmung, die Stimmung verdichtete sich zunehmend wie sie es immer macht, wenn ein großes Ereignis seinen Schatten voraus wirft. Ein jeder von ihnen spürte es, aber keiner sprach darüber, was auch, denn wen sollte es betreffen. Vielleicht war es auch nur ein großer Abschied, den sich jeder insgeheim wünschte.

Frank hatte sich für den Rest des Tages viel vorgenommen.

Seine erste Etappe führte ihn zu einem Blumengeschäft, nach dessen Verlassen er seine ganze Sorgfalt darauf verwendete, die langstielige Rose von jeder ihrer Dornen zu befreien, während er ein Lied vor sich her pfiff, dessen Zusammenhang nur er verstand.

Den nächsten Stopp legte er vor einem Spielwarengeschäft ein und mühsam begann er die Legionen herrenloser Teddybären und ihre potenziellen, kleinwüchsigen Besitzer zur Seite zu schieben auf der Suche nach dem passenden Mitbringsel. Als er ihn letztendlich, nach langem Schubsen und Stupsen, in den Händen hielt, machte sich in ihm erneut die Traurigkeit breit und er schaffte es nicht, das Lächeln der Verkäuferin zu erwidern, die sein Geld in Empfang nahm.

Melanie musste er das Ganze noch beibringen und er überlegte kurz sie mitzunehmen, aber er verwarf den Gedanken ganz schnell wieder.

– Manche Wege geht man am besten allein, oder gar nicht –

Die Schwester fand er zu seiner eigenen Überraschung recht schnell, aber noch mehr war sie überrascht, aber das Unerwartete hatte auch auf sie den größten Reiz und so lauschte sie seinen Worten umso mehr, da es wenige waren. Am Ende überreichte er ihr die Tüte, obwohl sie ihn mit ihrer ganzen Inbrunst überzeugen wollte es selbst zu machen. Aber das schaffte weder sie und er erst recht nicht und so kam es, dass in dem Moment, als sich die Schiebetüre ein letztes Mal hinter ihm schloss, Charlie Brown und sein Snoopy wieder vereint waren.

Das Beibringen, warum er sie heute Abend nicht wie versprochen zum Italiener einladen konnte, fiel ihm sehr schwer. Er wusste nicht recht wie er es anfangen sollte, ohne dass es nach zu viel Selbstbeweihräucherung roch. Aber sie verstand es auch mit den knappen Worten, die er dafür fand, konnte sie doch mittlerweile nichts mehr überraschen, was er tat.

Zumindest war genügend Geld übrig um Pizza zu bestellen und wie es der Zufall wollte, überbrachte sie sogar ein Italiener, der italienisch konnte.

Eine absolute Seltenheit in dieser Stadt und so nutzte Frank seine Chance und holte sich Gewissheit ein, über die Hoffnung eines Freundes.

Mit diesem neu beladenen Wissen betrat er anschließend das Schlafzimmer, den Blick gesenkt und in Gedanken die übersetzten Worte vor sich aufsagend. Ihr entging das nicht und sie gab keine Ruhe, bis sie letztendlich darüber sprachen.

„Glaubst du, dass er zurück geht?"
„Ich weiß es nicht, vielleicht."
„Ich denke er sollte zurück gehen. Warum sollte er hier bleiben, er hat doch hier niemanden mehr."

Frank hielt in seiner Bewegung inne, seine Hand ruhte auf ihrem Oberarm.

Sie ergriff sie und führte sie vor ihre Brust, wo sie ihre Lippen berührten, mehr entschuldigend als tröstend.

„Du hast wahrscheinlich Recht und vielleicht wäre es wirklich das Beste für ihn, aber ich bin sicher, das weiß er selbst."

Dann wurde seine Stimme flüsternd. „Und so lange ich dich habe werde ich mich nicht einsam fühlen."

Diese Worte ließ sie auf sich wirken, bevor sie sich ihm zuwandte und das Liebesspiel einen erneuten Anfang nahm.

In der Nacht lag sie neben ihm und beobachtete seinen Schlaf. Sie dachte an ihr Gespräch mit Marcel, die Offenheit, die sie verwirrte und seine Ausblicke in eine neue Zeit. Es war damals zu schön das zu glauben und jetzt, jetzt hatte sie Angst. Doch nicht mehr vor ihm, sondern vor sich selbst. Eine Angst, die viel schrecklicher ist, da sie aus ihrem und nicht aus seinem Unbekannten kam.

Sie begann an ihrer Liebe zu zweifeln, ihrer Liebe zu ihm. Dabei hatte sie es sich so sehr gewünscht, so wie es war sollte es sein und trotzdem war es nicht mehr das Richtige, war er nicht mehr der Richtige.

Vor dem Gedanken schreckte sie zurück und ihre Hände näherten sich ihm zaghaft, bis sie ihre letzte Kraft verlor und das Kissen erneut stumme Tränen in sich aufnehmen musste.

Beim Frühstück sahen sie sich, doch zum Sprechen blieb keine Zeit. Marcel musste weg und Frank auch, beide hatten ihre Aufgaben, übertragen durch sich und andere.

So recht hätten beide nicht gewusst was zu sagen an der Zeit gewesen wäre, was das Gespräch aber nur bereichert hätte, denn nur dann stand Marcels Tor zur Weisheit offen, welche er doch so gerne teilte. Aber dazu blieb ihm keine Zeit, Ferdinand brauchte ihn und seine Zeitung. Das vermutete Wissen von draußen, in denen selbst Gerüchte ihren Platz haben.

Und ein Gerücht war es, ein beunruhigendes dazu, welches Ferdinand veranlasst hatte selbst zu Stift und Papier zu greifen, um Klarheit zu erlangen über sein Lebenswerk.

Ein dummer Zufall wollte es, dass der Brief zur beabsichtigten Adresse gelang und Marcels Schild durchbrochen wurde. Aber das ahnte er zu diesem Zeitpunkt noch nicht, als er Ferdinand schweigend wie immer zur Seite saß. Wobei Ferdinands Schweigen heute länger dauerte und Marcel das Ende nicht miterleben durfte, da Sonja lauten Schrittes und zaghaften Klopfens Einlass begehrte und Marcel eine Botschaft überbrachte, die er bereits gestern erhalten hatte.

Das frisch gestrichene Zimmer 101, der teure Anzug und die Anhängsel eines erfolgreichen Lebens verfehlten seine Wirkung bei dem kleinen Mann vor dem großen Mahagonischreibtisch. Milde lächelnd, in seinem Stuhl ruhend, verstärkte er so die Unruhe bei seinem Gegenüber, der dann doch die Flucht nach vorn wagte.

„Herr Carni, ich denke Sie wissen, warum ich um dieses Treffen gebeten habe."

Marcel nickte freundlich.

„Ich bitte Sie darum, den Kontakt mit unserem neuen Pfleger auf ein Mindestmaß zu beschränken, da es offensichtlich ist, dass er seinen übertragenen Aufgaben nicht nachkommt wenn er für Sie, nun sagen wir mal, gewisse Gefälligkeiten erledigt."

Marcel nickte erneut und sein Gegenüber nutzte die Pause, um den Abstand zwischen ihnen zu verringern.

„Herr Carni, Sie wissen doch selbst, dass wir bis jetzt bei Ihren Aktivitäten beide Augen zugedrückt haben, aber mittlerweile haben sie eine Grenze erreicht, die uns Grund zur Besorgnis gibt."

Marcel setzte mit seinem Nicken wieder ein und überlegte beiläufig, wer denn „wir" sei. Konnte es sein, dass sein Ego groß genug war für zwei ausgereifte Persönlichkeiten? Vereint in einer Symbiose, gebildet durch die gegenseitige Bewunderung. Eine andere Möglichkeit blieb fast nicht, wenn man ihn so reden hörte.

In der Zwischenzeit hatte sich der Anstaltsleiter aus seinem Sessel erhoben und schritt mit seinen Glanzlederschuhen in Richtung Bücherregal. Dort verschränkte er die Hände im Rücken und setzte zum gedachten Finale an.

„Wissen Sie, Herr Carni, ich war damals sehr skeptisch, als Sie um die Aufnahme in unser Heim baten, aber letztendlich habe ich dem doch zugestimmt. Und ich muss zugegeben, dass sie auf das Zusammenleben der Heimbewohner einen günstigen Einfluss ausgeübt haben. Selbst der ein oder andere Pfleger, so wurde mir gesagt, hält große Stücke auf Sie."

Ein ausgedehnter Blick auf die Person, der die Ansprache galt, versicherte ihm erneut Aufmerksamkeit durch platziertes Nicken.

„Daher würde es mich persönlich treffen, wenn ich Sie bitten müsste, unser Haus zu verlassen."

Der Treffer war gesetzt, der Absender über seine Wirkung sicher.

„Aber ich bin sicher, dazu wird es nicht kommen müssen."
Und der Ausweg in Aussicht gestellt. Woraufhin der Wortführer prüfenden Blickes auf ein Zeichen der Einsicht wartete, und sei es nur ein Nicken.
Das kam jedoch nicht, was kam war eine traurige Geschichte, einzig ein Zeichen gegen das Vergessen, das Marcel mit einer teilnahmslosen Stimme setzte.
„Wussten Sie, dass Ihr Zimmer 101 mit dem darüber liegenden Zimmer 202 vom Grundriss her identisch ist?"
Der Anstaltsleiter schüttelte verwirrt den Kopf und mit jedem seiner zackigen Richtungswechsel büßte er mehr von seiner Souveränität ein, während Marcel zur Zimmerdecke hinaufsah.
„Ich habe mich oft gefragt, ob Sie nicht etwas gehört haben, ein Wimmern vielleicht, ein Klopfen, oder gar einen Schrei."
Im teuren Anzug setzten sich die ersten Falten ab, denn die Figur darin schrumpfte in sich zusammen.
„Zumindest fiel kein schlechtes Licht auf Ihr Heim, die Todesursache lautete auf Altersschwäche, wenn ich mich recht erinnere."

Die weiße Wand diente nicht mehr als Leinwand, denn wie ein guter Schauspieler verschmolz der Laiendarsteller mit ihr, während er sich auf ein Bücherregal aufstützen musste.
„Ich glaube sogar, dort wo Sie jetzt stehen, hat man sie gefunden."
Und diesmal zog er den Blick seines Gegenübers mit hinauf.
Das war für Marcel genug und er erhob sich aus seinem Gästestuhl, entbot einen abschließenden Gruß und durchschritt die Tür des Zimmers 101.
Er ließ einen Mann zurück, der für den Rest des Tages Scherben sammelte.

Sonja hatte Frank erzählt, wo Marcel war beziehungsweise hin musste, doch dabei unterschätzte sie sein jugendliches Temperament. Kaum hatte sie ihren Satz beendet, schon flog die Suppenkelle zurück ins Abwaschwasser und die Schürze zu Boden. Nur ihrem sonst so verhassten Gewicht verdankte sie den Umstand ihn zurückhalten zu können, bevor er mit riesign Schritten zum Sturmlauf auf das Büro des Anstaltsleiters ansetzen konnte.

„Lass mich, nur wegen mir hat Marcel den Ärger."

„Bleib hier", schnaufte sie ihn an und es war nicht nur die physische Erregung, die ihren Atem beschleunigt hatte.

„Bleib hier, Marcel kommt gut ohne dich zurecht. Du würdest ihn nur stören."

Frank hielt in seinem Ausbruch inne und sah auf sie hinab. Die Bilder ihres gemeinsamen Tanzes kamen ihm in den Sinn, Bewegungen für- und miteinander, deren Geheimnis das Teilen war.

Sie erwiderte sein Interesse, wobei ein Lächeln ihre Lippen umspielte.

Danach fiel es ihr schwer von ihm zu lassen, als sein Bewegungsdrang erlahmte und sie sich auf eine Kaffeepause verständigten. Natürlich nur, um neue Kräfte zu schöpfen für das anstehende Arbeitspensum.

Nach seinem siebten abgehakten Punkt auf der Liste hatte er endlich die Möglichkeit ihn zu sehen und natürlich mit ihm zu sprechen. Wobei er einfach nicht wusste worüber, so viele Dinge variierten zwischen Zunge und Herzen.

Aber nach dem Eintreten nahm alles seinen Lauf.

„Du packst?"

Die Frage ging fast unter in dem Schrei, den sie mit sich trug.

Marcel drehte sich ihm zu. Sein abgewetzter Lederkoffer lag auf dem Bett und schluckte unablässig den hineinbeförderten Stoff.

„Ja, ja, ich werde gehen." – Ich weiß nur nicht wohin –, dachte er bei sich.

Trotz der Absehbarkeit dieser Wendung war Frank fassungslos und er blickte hinab ins Nichts, das er mit Marcels Weggang verband. Neue und alte Ideen vermischten sich und entzündeten eine Gedankenspirale.

– Was ging mit ihm, ich und wenn, wie viel von mir.

– Das war nicht fair, nach all dem, was er in Bewegung setzte.

– Hat ihm das alles nichts bedeutet, war ich nur ein Zeitvertreib für ihn, eine Spielfigur auf einem Brett, das ihm jetzt zu klein wurde?

– Ich bin doch erst am Anfang, an seinem und an meinem Ende.

Aber er entschied sich nicht für eine Auswahl, sondern schluckte alles in sich hinein und verließ die Zimmergrenze des alten Mannes.

Dieser zögerte einen Moment und sah in seinen halb gepackten Koffer, bevor er ihm nachsetzte.

„Frank", und wieder: „Frank, bleib doch bitte stehen."

Der zugedachte Empfänger hörte es und blieb tatsächlich im Stillstand verhaftet, bedeutete es doch, keinen Rückschritt zu erleiden. Er lehnte sich an die Wand und flankierte mit sich ein naives Gemälde, das aus seinem Innersten hätte stammen können.

Noch immer hielt das Gefühl des „Verlassen werdens" in ihm an, jenes Gefühl, das so viel Schmerz in sich vereint wie kein zweites, als ihn Marcel letztendlich erreichte.

Er sah, aber sprach nicht zu ihm, während er seinen Ellenbogen ergriff und einen erneuten Richtungswechsel vorgab.

Als sie wieder in Marcels Zimmer waren und Frank mit sanfter Geduld gezwungen wurde, neben dem verhassten Koffer Platz zu nehmen, war seine Gedankenspirale zur Urfrage alles Menschlichen zurückgekehrt. „Warum?" Marcel kannte die Frage von sich und anderen, aber niemals wurde er mit solcher Leidenschaft gezwungen sie zu beantworten. Die Welt der anderen zu erklären, wie einfach war das im Vergleich die eigene begreiflich zu machen.

So nahm er die Frage auf und begann damit seine Antwort.

„Warum, ja, warum." Aber er gab keine Lösung darauf, sondern setzte ihm die unbekannten Stationen vor, auf dass der Gleichberechtigte seine Schlüsse ziehen möge.

„Warum, ja, warum." Und mit diesen Worten öffnete er eine Schleuse, deren herausschießendem Schwall keine Macht der Erde standhalten konnte und wurde seine Stimme auch noch so leise.

„Damals, als ich in deinem Alter war, wusste ich nur eins, niemals wollte ich so werden wie mein Vater. Niemals wollte ich dieser kleine Mann sein, der nie über die Grenzen seines Dorfes hinauskam und sein Leben lang im gleichen Bett schlief wie schon sein Vater und der Vater seines Vaters vor ihm. Ein Niemand, der sein halbes Leben auf dem Meer zubrachte, im ständigen Kampf mit den Elementen, um seine Familie wenigstens mit dem Nötigsten zu versorgen."

Marcel pausierte und zwang sich in die Höhe, seine Stimme war kalt geblieben, einen Teil davon hatte er schon beerdigt.

„Ein feiger Mann, so dachte ich damals und am Abend vor meiner Abreise sagte ich es ihm ins Gesicht, im Streit zwar, ja, aber ich sagte es ihm. Ich nannte ihn etwas, von dem er vielleicht selbst dachte es zu sein, und in dem Moment sah ich in ihm etwas zerbrechen."

Der Stoff seiner Hosentasche begann zu vibrieren und seine Hände wurden überflutet durch pulsierende Kraft. Er setzte sich wieder und nur der Koffer trennte sie.

„Und viele Jahre später sah ich es wieder, im Spiegel, in meinem Gesicht, das keinen Unterschied mehr zuließ. Das war der Tag, als ich meine Frau verloren hatte.

Sie starb und der Teil, der mir den Sinn gab, mit ihr.

Was nutzte mir dann noch all mein Geld, das ich in den Jahren angesammelt hatte. Ich hatte nichts mehr, keine Heimat, keine Familie, keinen Halt und so zog ich mich zurück von der Welt, die mir alles genommen hatte und kam hierher."

Seine Hände waren zur Ruhe gekommen und stützten seinen Körper.

„Du wirst jetzt fragen, warum hierher. Nun, ich sah sie wieder, an dem Tag als ich beschlossen hatte für immer zu gehen tauchte sie vor mir auf.

An diesem Tag kauerte ich vor ihrem Grab, hielt die kalte Erde in meinen Händen und sah mich neben ihr liegen.

Doch dann sah ich sie. Sie tauchte zwischen den beschrifteten Steinen auf und mir stockte der Atem. Ich ließ die Erde durch meine Finger gleiten und folgte ihr, unfähig sie einzuholen, ungläubig und doch hoffend aus meiner Verzweiflung."

Marcel sah ihn direkt an.

„Du musst verstehen, ich glaube nicht an Zufälle, sondern nur an Möglichkeiten und so kam ich hierher. Eine Schuld mit mir tragend, deren Erlösung nur durch andere möglich wurde."

Frank hielt sich lange zurück, er war der erste lebende Mensch, der das hörte. Er hätte gern darauf etwas gesagt, aber das alles war und blieb für ihn unbekannt. Wie sollte er das auch nachvollziehen können, er, der jetzt die Worte kannte, aber keinen Sinn zu verbinden wusste. So beschäftigte er sich mit sich selbst.

„Dann war ich ein Teil der Rechnung, die du jetzt beglichen hast?"

Marcel hatte nichts anderes erwartet und er war froh darüber. Er hatte es von der Seele und es bestand keine Gefahr, dass jemand über Richtig oder Falsch urteilen würde. Was folgte war ein weiteres Geständnis, über dessen Aufrichtigkeit kein Streit bei den Partnern entbrennen würde, da ein jeder es hören wollte.

„Nein, du warst und bist mehr für mich. Ich wollte dich nur glücklich sehen mit dem Glück, das ich aus den Händen gab. Sollte ich damit einen Fehler gemacht haben, dann verzeih mir. Aber durch den Glauben in dich habe ich den meinen wieder gefunden und hätte ich nur einen Wunsch frei, so wünschte ich du wärst der Sohn, den ich nie hatte."

Jetzt gab er die Tränen frei und seine Rührung blieb nicht unbemerkt, auch der andere kämpfte damit, aber zuerst brauchte er Gewissheit.

„Und jetzt, wo willst du hin?"

„Ich weiß es nicht, ich weiß nur, dass ich hier raus muss."

„Warum gehst du nicht zurück nach …" Er wagte es nicht auszusprechen.

„Das kann ich nicht. Ich habe nichts mehr …"

„Doch, das hast du." „Versprich mir, dass du auf mich wartest, bis ich zurückkomme."

Frank fuhr um kurz nach drei los und erreichte gerade noch rechtzeitig Melanie bei ihrer Arbeit. Sie erschrak bei seinem Anblick, so einen verwirrten und gehetzten Eindruck machte er.

Aber es kam noch schlimmer, ohne ein Wort der Erklärung packte er sie ins Auto und fuhr mit ihr in die Innenstadt. Von seiner Sprachlosigkeit mehr und mehr verärgert begann sie herumzuzetern und hörte erst damit auf, als er vor einem Schaufenster hielt und sie mit den Worten aufforderte:

„Komm, hier rein."
Dann wurden ihre Augen groß und ihr Herzschlag begann den Hals zu erobern.

„Du spinnst doch!", war alles, zu dem sie zu sagen noch in der Lage war.
Doch Frank duldete keinen Widerspruch. Mit seiner rechten Hand zog er sie aus dem Auto, während er in seiner Linken die Polaroidkamera hielt, die er dem Kofferraum entnommen hatte.
„Mach schon, es ist für Marcel, den Rest erklär ich dir später."
Ab da erlahmte ihr Widerstand und gemeinsam mit ihm betrat sie das Geschäft.
Vielleicht war das ja der Gefallen dem sie Marcel schuldete, damals für ihr Gespräch im Zimmer.
Frank verfolgte weiterhin seine Idee und wie in Trance breitete er seine zurechtgelegte Geschichte vor der Verkäuferin aus, während Melanie so langsam Gefallen an der Situation, wie auch an den Kleidern fand. Ganz Vertreterin des schönen Geschlechts unterzog sie die ausgestellten Brautmoden ersten kritischen Betrachtungen. Wenn schon, dann wollte sie gerade darin eine gute Figur machen.
So dauerte es keine zehn Minuten, bis Frank den ersten und einzigen Anzug angelegt hatte, aber eine ganz dreiviertel Stunde, bis Melanie ganz in Weiß mit einem zufriedenen Gesichtsausdruck vor ihm stand.
Die Verkäuferin beglückwünschte die Beiden erneut zu ihrer gelungen Wahl und dirigierte das Paar vor die Linse der Kamera. Aber bei einem Schnappschuss sollte es nicht bleiben.
Nach dem ersten „Klick" schon auf dem Weg in Richtung ausgeworfenes Bild, spannte sich Franks Anzug und ließ ihn auf der Stelle verweilen.
Ein irritierter Blick zurück, in den aussichtsreichen Hafen der Ehe, und er erkannte Melanies Hand als den Anker.
„Bitte machen Sie noch ein Bild", sprach sie in Richtung Verkäuferin und den Rest mit einen energischen Gesichtsausdruck in die Richtung des Göttergatten. „Es ist für meine Eltern."
Ab dem Moment begannen Franks Schweißdrüsen mit der Überproduktion und sein eingespieltes Lächeln geriet ein wenig

quälender als das vorherige. Das Foto jedoch ließ keinen Unterschied erkennen und es sollte Jahre dauern, bis er es wieder sah.

Am Ende der Illusion angelangt stand Melanie vor einem mannshohen Spiegel und brachte mit sanften Bewegungen das Kleid in Unruhe. Vergleichbar dem Faltenwurf, den ein kurzer Gang, beispielsweise in einer Kirche, auslösen würde. Frank malte sich lieber nicht aus, an was sie dachte und trat zur Verkäuferin herüber, die ihm die Fotos entgegenhielt. Aber mehr als einen kurzen Blick fand er sie nicht wert.

Auch auf die „Ein hübsches Paar"-Bemerkung ging er vorsichtshalber nicht ein, nur nichts provozieren mit der Frau in Weiß, die dort hinten vor dem Spiegel ihre imaginäre Runde drehte. Dann doch lieber einen Blick riskieren auf den süßen Po der Verkäuferin, die dort unter der Kasse nach Katalogen kramte, welche ihnen die anstehende Kaufentscheidung erleichtern sollte. Aber bei allem Hormonüberschuss zog es ihn letztendlich doch zu ihr zurück.

Sie erschrak, als er auf einmal hinter ihr stand und seine Arme sie einschlossen. Das Gesicht des Bräutigams hatte sie ausgelassen, bei dem kleinen Drift in ihre Vorstellungskraft.

Selbst jetzt sah sie es nicht, denn er verbarg sich in ihren offenen Haaren.

Einer Gewohnheit folgend legte sie ihre Hände auf die seinen. Aber da durchzuckte es sie und sie drehte sich aus dem Griff. Er fuhr erschrocken zurück über die unerwartete schnelle Bewegung, während sie seine Handgelenke ergriff. Doch da war nichts, da war absolut nichts zu sehen.

„Was ist?", fragte er, aber sie tat es ab.

„Nichts, ich dachte nur …" Sie stockte und musste erneut ansetzen: „Komm, lass uns jetzt gehen, es ist spät geworden."

Frank kannte sie gut genug um zu wissen, dass Nachbohren nichts einbringen würde. Zudem stand er in seinen Gedanken mit einem Bein bereits in Marcels Zimmer.

Beim Rausgehen nahm sie die Kataloge an sich, noch bevor er sie dem Mülleimer übergeben konnte. Die Heimfahrt über verweilten sie in ihrem Schoß, während die zukünftige Braut immer wieder seine Hände musterte. Aber da war kein Metall zu sehen, vor allem nicht an dem Finger.

Als er mit beiden Beinen in seinem Zimmer stand, war es allein der immer noch auf dem Bett liegende Koffer, der ihn wieder zu Atem kommen ließ.

Er war noch da, aber er war weiter als vorher. Dies sah er allein an dem hinzugewonnenen Umfang des Koffers und der eingetretenen Kahlheit des Zimmers, die jeden weiteren Blick überflüssig machte und nur neue Trauer aufleben ließ.

So blieb er nicht lang, warten hatte keinen Sinn. Denn sollte es sein wie es wollte, aber dass er sich von ihm verabschieden würde, darüber war er sich sicher. Das Foto legte er auf den Koffer, er würde schon um die Bedeutung wissen und wenn nicht war es sowieso egal, denn dann war es umsonst gewesen.

Mit diesen, immer düster werdenden Gedanken schlich er hinaus.

Es war für ihn das erste Mal, dass er einen Abschied, noch dazu einen unwiederbringlichen, in voller Intensität erlebte und auch, das war für ihn das Verwunderliche, erleben wollte. Die Zeit der Fluchten war für ihn unwiederbringlich verloren. Darüber war er sich schmerzhaft im Klaren.

Seine Abschiedstour war zu Ende und gedämpften Schrittes zog es ihn in sein Zimmer. Er war müde, das Ganze hatte ihn doch mehr angestrengt als er es sich selbst eingestehen wollte, aber es war jetzt geschafft.

Vielleicht würde sich für den ein oder anderen sein Abschied länger hinausziehen, oder sogar immer wieder wiederholen. Nur das konnte er nicht wissen und insgeheim wollte er es nicht mehr.

Seit ihrem Tod kamen neue Fragen, Fragen, auf welche die alten Antworten nicht so recht passen wollten und er war zu müde neue zu suchen. Es war einfach an der Zeit, es zu beenden und die Dinge ihren Gang gehen zu lassen, bedeutete es auch so manches Ende. Wieder schweiften seine Gedanken zu Ferdinand. Dieser Abschied war kalt und herzlos geblieben, ganz nach Wunsch des einen. Aber der andere weinte innerlich ob des anderen, als er die äußerste Nähe suchte und zum Abschied seine Schulter berührte, um dann für immer die Erinnerung in sich zu tragen. Eines Mannes, der an sich selbst zerbarst. Dessen einziges Geschenk, das er machen konnte, ein selbstbestimmter Ausgang war.

In seinem Zimmer setzte er sich auf sein Bett und zog seine Schuhe aus. Mit etwas Konzentration rollte er seine Zehen ein und wartete das entspannte Kribbeln ab. Dabei betrachte er das Foto und musste schmunzeln. Im Stillen dachte er: „Was die Zeit doch bringt."

Dann legte er seine neue Familie in den Koffer und hoffte darauf, dass seine anstehende Heimkehr mit ihr ihm etwas leichter fallen würde, kehrte er jetzt doch nicht mehr mit leeren Händen zurück. Wenn ihn eine Lüge schon fortgelockt hatte, warum nicht dann mit einer Lüge zurückkehren.

Am nächsten Morgen erwartete er ihn vor dem Haus, den Koffer rechts neben ihm stehend. Wieder war er zu dem Paten geworden und verbarg seine Augen hinter der Hornsonnenbrille, während er in der Ferne nach den Motorengeräuschen horchte.

Frank sah ihn gleich und beschleunigte noch einmal. Auch er trug eine Sonnenbrille. Er hatte letzte Nacht nicht geschlafen, zu viele Dinge waren unter seine Bettdecke gekrochen. Doch jetzt war sein Kopf leer und das Ganze kam ihm wie ein Traum vor, ein Traum, dem er nicht auskam.

Gemeinsam wuchteten sie den Koffer ins Auto und schweigend nahmen sie nebeneinander Platz. Es war Marcel, der zuerst das Wort erhob:

„Ich denke du weißt, wie du zum Bahnhof kommst."

Frank nickte ohne ihn anzusehen, noch immer war er innerlich leer und so fuhr er einfach los. Erst auf dem Bahnhofsparkplatz ergriff Marcel erneut das Wort und seine Stimme mühte sich ihn zu erreichen.

„Ich weiß, du bist enttäuscht von mir, aber ich kann dir nicht dein Leben erklären. Es ist schwer genug, mir das meine begreiflich zu machen."

Dabei nahm er seine Brille ab und zeigte Frank das Tränenmeer, das nur noch wenige Dämme hielten.

„Aber ich möchte dir etwas geben, auch wenn ich nicht mehr bei dir sein kann, bleibe ich doch in Gedanken bei dir."

Aus seiner Jackentasche zog er seine kleine schwarze Bibel hervor und hielt sie Frank entgegen. Dieser ergriff sie und hielt sie in der Hand, während Marcel das Fahrzeug verließ, mit seinem Koffer dem Bahnhofseingang zustrebte und in der Masse der anderen unterging.

Noch immer saß Frank unbewegt da und wog das Gewicht des kleinen schwarzen Buches, bevor er es mit starrem Blick in ein Daumenkino verwandelte. Darin stoppte er, auf der Seite mit dem größten fühlbaren Widerstand, und schlug es auf. Ein naher Bekannter sah zu ihm hoch und er kniff die Augen zusammen.

Irgendetwas musste reingeflogen sein und den Reinigungsmechanismus in Gang gesetzt haben.

Als er sie wieder öffnete und mit verschwommener Sehkraft hinabsah, entdeckte er erst die vielen kleinen zugefügten Absätze, welche die Ränder der Seiten in ein Dickicht der Lebenserfahrung verwandelten und fortan sein Leben begleiteten.

Dann nahm er das Bild heraus und wendete es und selbst sein Italienisch reichte für die Übersetzung.

Nur ein Wort. „Du"

Da sprang er hinaus, wuchtete die Massen auseinander und jagte jemanden, den er auf anderer Ebene bereits erreicht hatte. Fieberhaft versucht er sich gegen das selbstbestimmte Schicksal zu stemmen.

Aber bei Gleis 13 brach er die Verfolgung ab und sein Körper stoppte hart an dem dortigen Geländer. Die Luft, die er bekam, war einfach zu wenig und er kämpfte schwer mit der Übelkeit, als er sich über das Geländer beugte und zum Prellbock hinabsah. In der Ferne begannen die letzten Waggons im Wirr-Warr der Schienen zu verschwinden, aber wer jetzt glaubte es bliebe ein stiller Abschied, irrte sich.

Mit aller Stimmgewalt durchschnitt er die Individualität der anderen Reisenden, die verschreckt auf ihn sahen, als er mit letzter Kraft den Namen „Marcel" hinauf in Richtung Glaskuppel schrie.

Bevor er seinen Körper wieder über das Geländer warf und ein geflüstertes „Danke" folgte, während er das Buch fest umschloss.

Marcel saß in seinem Zugabteil und betrachtete durch das schmutzige Fenster die vorbeihuschende Landschaft. Er war enttäuscht und zugleich glücklich über den kurzen Abschied und der Schrei hallte in ihm nach.

Keiner seiner kopfschüttelnden Mitreisenden ahnte, dass es sein Name war, der ihre Ruhe störte. Vielleicht hätten sie ihm sogar Vorwürfe gemacht.

Der Zusammenhang von Handlungen, jetzt war er wieder bei seinem Thema, das weder im Rucksack der Globetrotterin noch im Aktenkoffer des Geschäftsreisenden beinhaltet war. Nur in seinem abgewetzten, braunen, alten Lederkoffer, dessen eine Schnalle schon bei seinem letzten Abschied die Funktion eingestellt hatte, fand sich ein Platz. Aber wie er die Geschehnisse seines Lebens auch drehte und wendete, mit jedem ratan, ratan kamen sie näher, um letztendlich doch in der Vergangenheit zu verschwinden.

Machte ihn das jetzt zu einem guten Menschen? Nachdenken, bereuen, die richtige Handlungsweise jetzt zu kennen? Er hatte bei all diesen Fragen ein seltsam reines Gewissen. Fürchtete er doch keinen Steinwurf von menschlicher Hand.

So gab er sich weiter dem Erlebten hin, das ihn langsam in einen ruhigen Schlaf übergleiten ließ. Begleitet durch das stete ratan, ratan, das sich anschickte, seine Unendlichkeit unter Beweis zu stellen.

Ferdinand hatte Besuch und in Anbetracht der hoch gestellten Persönlichkeit gestattete die Regel eine Ausnahme und die Besuchszeiten wurden außer Kraft gesetzt. Sein Sohn war auf dem Weg zu ihm, sein eigener Sohn, der den Weg seines Vaters beschritt und somit nicht alles zur Sinnlosigkeit verkommen ließ.

Jetzt stand dieses gedachte Abbild vor seiner verwünschten Tür und umklammerte mit verschwitzter Handfläche den Türknauf, ungeduldig und freudig in seinen Überlegungen, was es jetzt zu sagen galt. Dann stand er im Raum und füllte ihn aus mit seiner jugendlichen Präsenz und Tatendrang. Und wirklich, er war seinem Vater wie aus dem Gesicht geschnitten. Eine frühere, mobile Ausgabe des alten Mannes im Rollstuhl, der nur durch ein kurzes Aufflackern in seinen Augen seine Erregung erkennen ließ. Zu mehr wäre ihm auch nicht die Zeit geblieben, denn sein Sohn überdeckte ihn mit einem Wortschwall aus Worten der Abbitte, seinen getroffenen Entscheidungen und den Auswirkungen auf ihn, ihn, den Vater und baldigen Großvater.

Am Schluss seiner Ausführung und der gedachten Flucht nach vorn, stand für Ferdinand nur eine Frage, die ein nicht so aufmerksamer Zuhörer in dem Nebensatz überhört hätte.

„Du verkaufst meine Firma." Dabei ging Ferdinands Atem ruhig durch vorbestimmte Kanäle und er fixierte seinen Sohn die Taille abwärts mit seinen Augen. Dieser war verwundert über diese Reaktion, er hatte etwas mehr erwartet, was ihn aber nicht daran hinderte, erneut anzusetzen um seinen Erzeuger von seiner Güte zu überzeugen.

„Ja, natürlich und du ziehst zu uns. Wir werden eine richtige Familie und verbringen endlich die Zeit miteinander, die wir nie hatten."

Dabei ging er vor seinem alten Herrn in die Hocke und fasste behutsam nach seiner Hand.

„Außerdem sollst du meine Frau kennen lernen. Sie ist ein Wesen so voller Güte und Herzlichkeit und ihre Mutter kennst du bereits von früher, sie war deine ehemalige Sekretärin."

Er machte eine Pause und gab seinen Worten Zeit zu wirken, aber noch immer ruhte die Hand seines Vaters kalt in der seinen, weswegen er einen letzten Versuch startete.

„Ich bin sicher dir gefällt es bei uns und wir werden alle dafür sorgen, dass es dir bei uns gut gehen wird."

Ferdinand blieb äußerlich immer noch ruhig, aber gäbe es einen Menschen der in ihn hineinhören hätte können, er hätte das letzte Tau reißen hören.

Und wie eine Marionette an ihrem durchgeschnittenen Faden, baumelte seine Hand herunter und er entzog sich seinem Sohn, der glaubte, sich beim ersten „Raus" verhört zu haben. Doch diesem folgte eine Serie, die stetig anschwoll und in Hysterie endete.

So ging sein Sohn wirklich, kopfschüttelnd und geknickt über seinen versagten Seelenfrieden. Aber dafür kamen andere zu Ferdinand, Helfer, die ihn auf das Bett legten, als die Beruhigungsspritze zu wirken begonnen hatte und sich ihm dann selbst überließen.

Jedoch für ihn, der alles glaubte verloren zu haben, was in seiner Welt zählte, trat der eine einzige Wunsch in den Vordergrund und er machte sich auf, ihn endlich zu erfüllen. Ein letztes Mal öffnete er seine Nachttischschublade und ließ sich vom Vanilleduft berauschen, der ihn verfolgte, seit er im Krieg süchtig danach wurde. Die kurzen Momente der Nähe und des Friedens, die er damals in ihrem Zimmer fand, welches stets den Hauch in sich trug und er am Morgen wieder verlassen musste, um dann doch wieder mit neuer Sehnsucht dahin zurückzukehren. Erst eine fehlgeleitete Fliegerbombe zerstörte seinen Hort und schaffte so die immerwährende Trennung. Wobei das Haus bis auf die Grundmauer abbrannte und fünf Prostituierte dabei umkamen.

Rückblickend war das gut für ihn gewesen, ein Offizier der Beziehungen zu einem Liebesmädchen pflegte, allein ein aufkommendes Gerücht hätte das Ende seiner Karriere bedeuten können. Auch wenn er nie für ihre Dienste bezahlen musste und das Körperliche von Anfang an nur Beiwerk war.

Jetzt sog er es in sich auf, schöpfte neue Kraft um auch dahin zurückzugelangen, an die Stelle vor mehr als 50 Jahren, als drei seiner untergebenen Soldaten seinen Befehl missachteten und ihn mit aller Gewalt daran hinderten, in das brennende Haus zu laufen. Dabei überlegte er nicht ob es ein Zufall war, dass Marcel beim Abschied vergessen hatte es sorgsam zu verschließen, oder ein Dienst um eine unentdeckte Freundschaft willen. Denn im Ergebnis stand jetzt Ferdinand eine Option offen, an die er bereits mehr als einmal gedacht hatte und nun, da er sich einer Welt ohne Bindung gegenüber sah, bereit war zu ergreifen.

Mit einem leisen Plumpsen landete er auf dem Boden und zum ersten Mal trat die Sorge um sein Aussehen in den Hintergrund in Anbetracht seines Nahziels.

Sein Aussehen danach, darum würden sich andere zu kümmern haben, zumindest das wusste er geregelt. So begann auch er seine letzte Strecke zurückzulegen und er besann sich auf die Urform der menschlichen Fortbewegung, mit der er letzten Endes die Schwelle überschritt und zu seinem letzten Höhenflug ansetzte. Und in diesem kurzem Moment war er wieder er selbst, befreit von Krankheit und Gebrechen.

Sonja fand ihn am nächsten Morgen und ihre schrillen Schreie lösten eine Hektik aus, die unangebracht war in Anbetracht des Todes. Ferdinand wäre diese große Anteilnahme mehr als unrecht gewesen, aber es waren nicht nur positive Mitleidsbezeugungen dabei. Der eine oder andere fasste seinen Mut zusammen und tuschelte mit Gleichgesinnten über die unerwartete Wohltat, die Ferdinands Ableben für die Gemeinschaft darstellte. Aber wie dem auch war, die Geschichte nahm seinen Lauf und ein weiteres Zimmer im Heim wurde für einen Neuzugang frei und alle Tränen trockneten alsbald im stillen Einvernehmen mit dem Gang der Welt.

Für Frank war dieser Tod ein kleiner, der seit Marcels Abschied auf seinem Weg lag. Doch auch sein Abschied stand kurz bevor, ausgelöst durch eine unbedachte Bemerkung des Heimleiters, welche ihm eine Gehirnerschütterung und zwei gebrochene Rippen einbrachte.

Den Anfang bildete eine Frage Franks, was nun mit dem Rollstuhl zu passieren hätte und mit der darauf folgenden lapidaren Antwort, jetzt könnt ihr ihn ja runter tragen, so schwer ist er ja nicht mehr. In dem Moment, als Frank begann zu verstehen, hörte auch er Ferdinands Tau reißen und er setzte dem Leiter nach. Dieser sah sich unvermittelt in dem Rollstuhl sitzen, und seiner gewohnten Beinkoordination beraubt stellte die beginnende Treppe eine neue Herausforderung für ihn da, welche mit oben genannten Verletzungen relativ glimpflich abging.

Am Ende stand für Frank der Wechsel in eine neue Stelle in der Welt der Zivildienstleistenden. Weitere Folgen der Tat blieben aus, die zum Klagen berechtigte Partei scheute die Öffentlichkeit, dessen ewig lauerndes Gewissen schon so manchen verschlungen hatte.

Zwei Monate später verabschiedete sich Melanie von ihm. Sie machte Schluss und präsentierte ihm Gründe, die weder er noch sie wirklich verstand. Aber rückblickend war das egal, denn vier Jahre später heirateten die beiden und es fiel nicht schwer zu erraten, für welches Kleid sie sich entschied.

Ihre Hochzeitsreise führte sie zu ihm und seine Familie, nein natürlich ihre Familie, empfing sie herzlich, umso mehr da Frank tatsächlich Italienisch gelernt hatte. Um ihn zu begreifen, ihn in seiner Sprache und mit der Gewalt seiner Worte, die Frank fortwährend in dem kleinen schwarzen Buch mit sich trug und die ihm halfen, das Leben als das zu meistern was es war, eine stete Herausforderung.

Aus Marcels Buch

Andere machten den Anfang, denen ich jetzt folge,
andere werden es beenden.

Aus Unzufriedenheit erwächst Erkenntnis.
Die Liebe aus der Sehnsucht und über allem steht das Ich.

Einen Weg zu gehen heißt, andere zu verlassen,
ihn zu beenden, die anderen wiederzusehen.

Ein Blick zurück löst Trauer, sei es die Erinnerung oder einfach
nur die Unwiederbringlichkeit.

Beständigkeit ist wichtig, so lange sie nicht zur Halsstarrigkeit verkommt.

Glaube an dich und die anderen, aber verlasse dich nicht darauf.

Etwas darstellen zu müssen, diesem Irrtum erliegen wir doch irgendwann alle.

Ehrlichkeit ist die schlimmste Form der Wahrheit.

*Das Leben erklärt sich nicht selbst,
durch das Leben werden wir erst zu Erklärungen gezwungen.*

Wenn jemandem etwas so nahe kommt, musst du es verletzen, um wieder frei zu sein.

Lasse einen Menschen träumen von der eigenen Größe und er wird das leichteste Opfer.

Lichtspiel der Seele
Ein grenznormales Tagebuch
Angelika Ingram

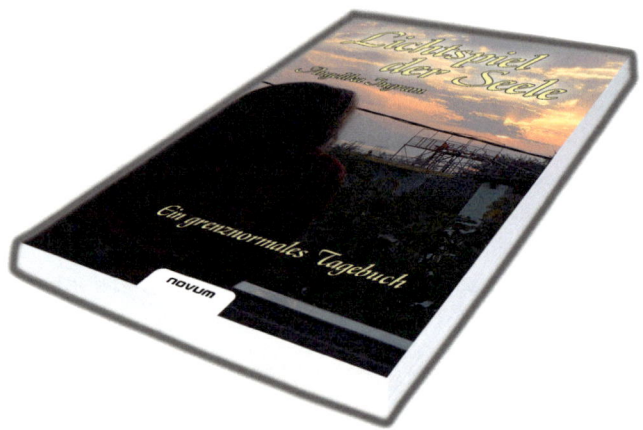

Die psychische Krise wird oft als etwas Peinliches oder als Gefahr empfunden. Sie stellt jedoch auch die Chance für Veränderung dar.
Dieses Buch erzählt die Lebensgeschichte von Gerda, einer Frau, die sich von früh auf in schwierigen Verhältnissen zurecht finden muss. Sie wächst neben ihrem schwer kranken Bruder, der viel beschäftigten Mutter und einem desinteressierten Vater auf. Nach dem Tod der Mutter, dem Eintritt ins Berufsleben und der anspruchsvollen Arbeit als Lehrerin gerät sie schließlich in eine psychotische Krise. Sie durchlebt diese Zeit auf ihre eigene Weise, sucht in Ratgebern und theologischen Schriften nach Antworten.

ISBN 978-3-902514-94-3 · Format 13,5 x 21,5 cm · 160 Seiten
€ (A) 14,90 · € (D) 14,50 · sFr 26,80

HB 7
Wolfgang Grassner

Christian Grabner, ein glücklicher Familienvater, befindet sich auf dem Rückweg von einer Geschäftsreise. Seine Gedanken sind bei seiner Familie, gerne möchte er seine Kinder noch vor dem Schlafengehen sehen.
Plötzlich steht ein Reh auf der Straße, Christian versucht auszuweichen und verliert die Kontrolle über sein Auto. Er stirbt wenige Tage später an den Folgen des Unfalls und lässt seine Frau als Witwe und seine Kinder als Halbwaisen zurück.
Nachdem er einen dunklen Tunnel durchquert, findet Christian sich im Vorraum zum Paradies wieder. Dort erfährt er, dass er noch einmal zurück auf die Erde muss, um sieben Aufgaben zu erfüllen.

ISBN 978-3-902514-91-2 · Format 13,5 x 21,5 cm · 260 Seiten
€ (A) 17,90 · € (D) 17,40 · sFr 31,70

Irrlichter im Geisterhaus
und andere Schattenspiele
Roger Jud

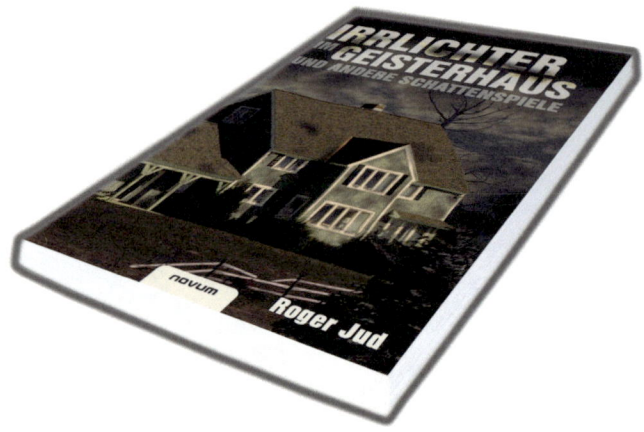

Eine Wohnung geht in Flammen auf, weil die Uhr eines Buchhalters stehen bleibt, ein kleiner Junge sucht das Paradies, weil die Familie nach dem Tod seiner Oma nur noch miteinander streitet und Agnes' Herz zerbricht, weil sie nach 50 Ehejahren erfährt, dass ihr Mann ihren seinerzeitigen Geliebten ermordet hat.
Wie gehen Menschen mit ungewohnten Situationen um, die plötzlich über sie hereinbrechen und die sie aus der Normalität ihres Alltags reißen?

ISBN 978-3-902514-80-6 · Format 13,5 x 21,5 cm · 218 Seiten
€ (A) 16,90 · € (D) 16,40 · sFr 30,10